Followership Theory

次世代型組織への
フォロワーシップ論

リーダーシップ主義からの脱却

Matsuyama Kazuki
松山一紀 [著]

ミネルヴァ書房

大窪久代先生を偲んで

はしがき

組織の未来を担うフォロワー

本書は，ぜひ多くの人に読んでもらいたいと思っている。なぜなら，ほぼ全ての人がフォロワーだからだ。いや，全員といってもいいかもしれない。我々は何がしかの組織や集団に所属している。労働組織に所属していなくても，家族や地域には所属しているだろうし，大げさなことをいえば，この「世界」に所属している。我々が様々なコミュニティの一員である以上，そのコミュニティの発展のために努力することは当然の義務であるし，こうした意味において，私たちは皆，何かのフォロワーであることに違いはないのである。

今，フォロワーは確実に重要な存在として認識されつつある。今後，複雑化するダイバーシティ組織においては，著しい技術発達，細分化するニーズへの的確な対応など，現場を知るフォロワーの意志決定能力と実行能力が組織の未来を確実に左右する。組織への自律的貢献の主体者としてのフォロワーである。

従って，我々はフォロワーとして，何ができるのか，どうあるべきなのか，またどうすべきなのかについて考えなくてはならない。研究者や大学院生は言うに及ばず，学部の学生，そして実務家の方たちにも読んでみてもらいたい。そして，これからの組織のために，大いに議論をしてみたい。

フォロワーシップ論とは何か

2018年現在，筆者が所属している，近畿大学経営学部キャリア・マネジメント学科が設置されて，10年が経過した。思えば，波乱の幕開けで始まった学科であった。初代の学科長は故大窪久代先生である。小柄だが，とてもパワフルで，いつも圧倒されていたような気がする。当時筆者は経営学科に所属しており，経営管理論などの科目を担当していた。しかし，新学科設立と同時に，移

籍が決まり，数名の先生とともに異動することとなった。ホテルに缶詰になり，新学科のコンセプトや設置される科目について話し合ったことが，懐かしく思い出される。新しい学科なのだから，他にない科目を設置しようということで，今まであまり聞いたこともないような科目が並べられた。そのうちの一つが「フォロワーシップ論」である。筆者の専門は，戦略的人的資源管理論や組織行動論なので，それに関連する科目が自分に割り当てられるということは当然，予想していた。しかし，この「フォロワーシップ論」とは一体何か？　そして，誰が担当するのか？　といったことについては，皆目検討がつかなかった。

　あるとき，大窪学科長に呼び出され，今後の科目担当について相談を受けることになった。そして，このフォロワーシップ論に話が及んだとき，筆者は，すかさず聞いたものだ。「フォロワーシップとは何ですか？あまり聞いたことがありませんが。一体誰が担当するんです？」と。すると，大窪先生も間，髪を容れずにこう仰ったのである。「さあね。担当するのはあなたよ」と。それで終わりである。予想外の回答に，まだこの世界のことがよくわからなかった筆者が戸惑っていると，「あなたしかいないでしょ」と追い討ちをかけられてしまう始末。それ以来，この科目と悪戦苦闘する日々が始まった。とはいえ，ほとんど先行研究のない領域である。他の科目のこともあるし，自身が興味をもって追いかけている研究のこともある。フォロワーシップ論については，長い間，横目で見ながらの日々が続いていた。実を言えば，本当はあまり乗り気ではなかった。本論でも述べているように，リーダーシップについての研究はあっても，フォロワーシップに関する研究などほとんどない。産業界においても，フォロワーシップ研修など聞いたことがない。どうして，私がやらなくてはならないのか。そんなネガティブな心境に陥っていた時があるのも事実である。

　しかし，元来が新らしもの好きの楽天家。ここはひとつ，乗りかかった船と思って，やってみるかと研究を始めてみると，いろいろなところでつながってきた。筆者は以前より，労働者の帰属意識や忠誠心について研究してきたのだが，フォロワーシップとこうした態度は密接に関連しているということが，自分なりにわかってきたのである。なるほど，これはやる価値がありそうだ。重

い腰を上げて，研究に取り掛かり始めた矢先に，大窪先生が他界された。あまりにも早いお別れだった。今となって思えば，あのとき大窪先生からこの話を頂かなかったら，本書は生まれていなかった。そして，筆者がもし頑なに拒んでいたら。あの頃の筆者は，盲従していたわけでもなかったと思う。冷静に考えて，確かに自分しかいないのかもしれないと思えたから，受け入れた。統合型フォロワーとはいえないものの，能動的忠実型のフォロワーではあったと思う。いずれにしても，大窪先生には感謝しなければいけない。先生に本書をお見せできなかったのは本当に残念である。そして2018年現在，筆者はキャリア・マネジメント学科の学科長を仰せつかっている。これも一つの巡り会わせなのかもしれない。

フォロワー集団と進化型組織

　学科長を任されて思うことは，この学科の組織運営が，本書で述べているフォロワーシップ・マネジメントに近いのではないかということである。フォロワーシップ・マネジメントでは，顔の見える範囲で運営が行われなければならない。筆者の学科は総勢で11名である。適当な人数といえよう。それぞれが高度な専門性を有し，学科長である筆者も，他の教員と同様に授業を担当しながら，学科長としての業務も遂行する。まさに，プレイング・マネジャーだ。しかし，実際はマネジャーではないと思っている。学科「長」とはいえ，管理をしているかというとそうではない。評価権限もない。まさに，フォロワーシップ・マネジメントでいう，コーディネーターなのである。従って，他の教員に対して，指示命令をすることはほぼ皆無である。納得してもらうように説得するのみである。フォロワー集団とは，大人の集団なのだ。全員が等しく学科のために貢献しようと努力する。学科長は，それをうまい具合に調整するだけなのである。こうした意味で，現在の筆者は試行錯誤のなかで，フォロワーシップ・マネジメントを実践させてもらっている。ある意味，これが進化型組織なのかもしれない。

　本書のタイトルには，次世代型組織へのフォロワーシップ論とある。進化型

組織については，第7章で少し触れている程度であるが，一貫して本書ではこうした組織を念頭において，フォロワーシップについて論じているつもりである。少子高齢化が激しさを増すわが国において，労働人口は減少の一途をたどっている。それを反映してだろうか。近年の新卒労働市場は売り手市場を維持しており，企業は若い戦力を確保しようと躍起になっている。なかには，29歳までを新卒扱いとする企業も出始めた。こうした傾向は，旧態依然とした階層型組織を揺るがしていくに違いない。求められているのは，フォロワーたちが自律的に貢献できる環境であり，それが進化型組織なのである。まさに，わが国における次の世代が担うべき組織であるといえよう。フォロワー中心型の進化型組織こそが，わが国における次世代型組織なのである。本書は，こうした次世代型組織を目指した，フォロワーシップについて論じている。

　最後に，本書も多くの方たちのお世話になっている。本学の学生には，いろいろな局面で研究に協力してもらった。また，WEB調査に協力していただいた匿名の方たちにも感謝申し上げたい。そして，本書執筆にあたって多くの示唆を与えて下さった同志社大学の太田肇教授，専門が異なるにもかかわらず，統計分析結果の解釈について一緒に考えて下さった京都産業大学の中野幹久教授，お二人には，日頃の感謝をここで改めて申し上げる次第である。また，出版事情の厳しいなか，本書の企画を快く受け入れて下さったミネルヴァ書房の梶谷修氏にも感謝申し上げたい。本書のタイトルは梶谷氏との共作である。そして，いつも癒しの場を提供してくれる家族・両親・仲間・大学の同僚にも感謝を申し上げる次第である。

　2018年5月

古の都・奈良にて

松山一紀

次世代型組織へのフォロワーシップ論
—— リーダーシップ主義からの脱却 ——

目　次

はしがき

序　章　リーダーシップからフォロワーシップへ……………………………1

　　1　フォロワーの時代…………………………………………………………1

　　2　次世代型組織へのフォロワーシップ論………………………………3

第1章　今，なぜフォロワーシップ論なのか………………………………7

　　1　労働組織におけるフォロワーの相対的地位の変遷：

　　　　人事労務管理の歴史から………………………………………………7

　　　　　1　専制的労務管理期……8

　　　　　2　温情的労務管理期……9

　　　　　3　近代科学的労務管理期……10

　　　　　4　人間関係論を基礎とした労務管理期……12

　　　　　5　人的資源管理期……13

　　2　リーダーシップの弱体化：時間に追われる現代のリーダー…………15

　　　　　1　仕事のスピード化と組織のフラット化……16

　　　　　2　プレイング・マネジャー化……19

　　3　リーダーシップ神話………………………………………………………21

　　　　　1　リーダーによる支配の根拠……21

　　　　　2　リーダーシップ・ロマンス：リーダーシップは有効か？……24

　　　　　3　破壊的リーダーシップ……26

　　4　フォロワーシップ論の展開へ…………………………………………28

第2章　フォロワーとは何か…………………………………………………33

　　1　フォロワーは何に従うのか……………………………………………33

　　　　　1　フォロワーとは誰を指すのか……33

　　　　　2　フォロワーが従う対象は何か……34

　　　　　3　フォロワーを定義づける……39

目　次

　　2　フォロワーはなぜ従うのか……………………………………………41

　　　　1　社会的勢力論……41

　　　　2　フォロワーが従う根拠……42

　　　　3　自由からの逃走……46

　　3　フォロワー観の変遷……………………………………………………47

第3章　フォロワーシップとは何か…………………………………………55

　　1　フォロワー重視の流れがフォロワーシップ論を生んだ………………55

　　　　1　古典に学ぶ……55

　　　　①Barnard, C. I., *The Functions of Executive*, 1938　55

　　　　②Simon, H. A., *Administrative Behavior*, 1997　56

　　　　③Follet, M. P., *Freedom & co-ordination*, 1949　59

　　　　2　リーダーシップ研究におけるフォロワーの位置づけ……60

　　　　①特性研究　61

　　　　②行動研究　61

　　　　③コンティンジェンシー・アプローチ　62

　　　　④LMX 理論　64

　　　　⑤変革型リーダーシップ研究　64

　　　　⑥サーバント・リーダーシップ研究　65

　　　　⑦暗黙のリーダーシップ研究　66

　　2　フォロワーシップ論……………………………………………………67

　　　　1　フォロワーシップとは何か……67

　　　　2　近年のフォロワーシップ研究……71

　　　　①役割理論アプローチ　72

　　　　②構築主義アプローチ　77

　　　　③実証研究　80

第4章　日本におけるフォロワーシップ…………………………………87

　　1　武士道にみるフォロワーシップ………………………………………88

　　　　1　「忠臣蔵」にみるフォロワーシップ……88

　　　　2　「葉隠」にみるフォロワーシップ……92

vii

2　日本的フォロワーシップと忠誠心 ……………………………… 94

　　　　1　忠誠心 …… 95
　　　　2　日本人労働者の忠誠心 …… 99

　　3　観従二我理論 ………………………………………………… 106

第5章　フォロワーシップ行動の三次元モデル ………………………… 115

　　1　フォロワーのタイプ ………………………………………… 115

　　　　1　三つのフォロワータイプもしくはフォロワー特性 …… 115
　　　　2　受動的忠実型フォロワー …… 119
　　　　3　統合型フォロワー …… 120
　　　　4　能動的忠実型フォロワー …… 122

　　2　フォロワータイプを明らかにする ………………………… 123

　　　　1　予備調査 …… 123
　　　　　①調査概要　123
　　　　　②質問内容　124
　　　　　③分析結果　124
　　　　2　本調査 …… 124
　　　　　①調査概要　124
　　　　　②分析指標　125
　　　　　③分析結果　126
　　　　3　考　察 …… 132

第6章　日本的フォロワーシップとメンタルヘルス ………………… 141

　　1　フォロワーシップと「会社人間」 ………………………… 142

　　2　フォロワーシップと内在化コミットメント ……………… 146

　　　　1　組織コミットメント …… 146
　　　　2　内在化コミットメントを用いた実証研究 …… 151
　　　　　①問　題　151
　　　　　②調査概要　155
　　　　　③分析指標　155

④分析結果　157
⑤考　察　159

第7章　日本におけるフォロワーシップ・マネジメント ……………167

1 日本企業と個人 ……………………………………………………168
　1　日本企業における個人の捉え方……168
　2　責任概念が希薄な日本人……170
　3　選択しない日本人……173

2 自然人モデル …………………………………………………………176

3 日本的HRMフローにおけるフォロワーシップ・マネジメント …179
　1　採用と配属……179
　2　異　動……180
　3　人材開発……181
　①フォロワーへの成長支援　181
　②組織社会化とフォロワー・ナビゲーション・プログラム　184
　4　評価・報償……186

4 進化型経営とフォロワーシップ・マネジメント …………………187

あとがき……193
索　引……199

序　章

リーダーシップからフォロワーシップへ

1　フォロワーの時代

　フォロワーシップ研究の歴史は極めて浅い。ロバート・ケリーの著書『*The power of followership*』を，フォロワーシップ研究の嚆矢と考えるならば，現時点でまだ30年も経過していないことになる。ましてや，日本における研究は21世紀になってようやく始まったばかりである。

　多くの研究者がいうように，これまでフォロワーにはあまりにもネガティブなレッテルが貼られ続けてきた。世の親であれば，子どもにリーダーを目指せとはいっても，フォロワーを目指せとはいうまい。しかし，フォロワーのイメージは確実に良い方向に変化しつつある。そして相対的に，リーダーの影響力は低下してきているように思われる。

　そもそも私たちは，フォロワーとして人生を開始し，人生のほとんどをフォロワーとして過ごす。フォロワー状態がデフォルトなのである。初めは親に対する子どもとして，そして教師に対する生徒として，さらには上司に対する部下として。たとえ，自らに部下ができたとしても，相変わらず，自らが部下でいる時間は続く。こうした，フォロワーについて，またフォロワーのあり方について，なぜこれまで真摯に論じられることがなかったのだろう。労働組織はリーダーばかりを求める。しかし，組織成員のほとんどはフォロワーによって占められている。にもかかわらず，フォロワーについての研究はほとんどない。それは，フォロワーがリーダーの指示命令に従う，受動的な存在としてのみ扱われてきたからである。組織の成果はリーダー次第というわけである。フォロ

I

ワーは自動人形以外の何物でもなかった。

　しかし，労働組織を取り巻く環境は劇的に変化を遂げている。ICT の発達は労働環境を大きく変えた。ダイバーシティの進展によって，職場は一層複雑になりつつある。教育水準の向上が労働に対する価値観を変化させ，多くの労働者が仕事や組織に対して高度な欲求を抱くようになった。技術の発達も著しく，上司は部下の仕事を理解することが困難になりつつある。そして，顧客のニーズが細分化し，より高度になるに従い，市場に近いところで迅速に対応することが求められるようになってきた。サービス産業の進展もそれを後押ししている。解決策は現場にあるという発想が当たり前となり，現場での意志決定が必要とされるようになってきた。最早，上からの管理だけでは，組織を運営することができなくなってきたのである。というよりもむしろ，この高度に複雑化した状況を人為的に管理することは不可能になりつつある。組織が成果を上げるためには，フォロワーなどのリーダー以外の組織成員による，主体的，自律的貢献が必要不可欠なのである。

　本書の第一の目的は，まずフォロワーが自律的貢献の主体者となり得ることを明らかにすることにある。現代の先進国において，フォロワーたる労働者はもはやかつてのように，資本家にただ盲従するだけの存在ではない。社会的地位上の格差もなくなり，貢献に必要な能力も十分身につけてきた。今やフォロワーには発揮する能力も，その機会も与えられている。しかし，そもそもフォロワーとは何か。誰を指すのか。といった根本的な問題は解決されていない。本書の第二の目的は，フォロワーおよびフォロワーシップの概念定義を明確にすることにある。そして，第三の目的は，日本的なフォロワーシップを明らかにすることである。本書では文化相対主義の立場をとる。日本に固有のフォロワーシップが存在するという考え方である。そこで，日本には固有のフォロワーシップ・タイプがあること，さらには，日本に典型的なタイプが，メンタルヘルスに対して及ぼす影響について論じていきたい。

2　次世代型組織へのフォロワーシップ論

　本書は 7 章で構成されている。第 1 章では，現代の先進国において，フォロワーシップが必要であることについて考える。日本を始めとする経済先進国において，間違いなく，フォロワーたる労働者の社会的地位は向上してきている。一方，組織においてリーダーは疲弊しており，また，リーダーを目指す若手が減少してきている状況のなかで，リーダー偏重の組織運営が限界に達していることについて論じる。リーダーシップ・ロマンスや破壊的リーダーシップについての議論が，これらを補完する。

　第 2 章ではフォロワーについて考える。フォロワーはリーダーにのみ従っているわけではない。実に様々な対象に従っているのがフォロワーなのである。しかし，そのなかでも自らを，直属の上司やリーダーに従っていると考えているフォロワーが多いことも事実である。第 2 章では，フォロワーに対して暫定的な定義を与えるとともに，フォロワーがなぜ従うのかについても考える。我々にとって従うことはデフォルトなのである。さらには，フォロワーに対する社会の見方が，歴史的にどのような変化を遂げてきたのかについても検討する。

　第 3 章ではフォロワーシップについて考える。これまでのフォロワーシップに関する研究は，意外にもフォロワーシップを明確に定義づけてこなかった。第 3 章では，フォロワーシップに対して暫定的な定義を与える。また，経営学の古典ともいえる，バーナード，サイモン，そしてフォレットの論考を踏まえて，フォロワーシップについて考える。さらには，これまでのリーダーシップ論の歴史を振り返り，それらのなかでフォロワーがいかに捉えられてきたのか，その変遷を辿る。最後に，現代のフォロワーシップ論について，その主要な研究をいくつか紹介する。

　第 4 章では，日本におけるフォロワーシップについて考える。フォロワーシップ論の父，ロバート・ケリーによれば，日本ほどフォロワーシップが社会的

に認知されている国はない。しかし，ケリーが注目しているのは，日本のサムライである。果たして，日本の武士道におけるフォロワーシップとは何か。忠臣蔵と葉隠を参考に探っていく。また，武士道において最も重要視される精神として忠誠を取り上げ，その心理的メカニズムについて検討する。一人の人間のなかにある心理機制として，観我と従我を想定することによって忠誠的態度が読み解かれる。

第5章では，フォロワーシップ行動の三次元モデルが明らかにされる。これまでの議論を踏まえて，本書では三つのフォロワー・タイプを抽出する。受動的忠実型，能動的忠実型，そして統合（プロアクティブ）型である。第5章では，これらのタイプを基礎として実施された実証研究について紹介する。受動的忠実性が必ずしもネガティブな結果ばかりをもたらさないこと，プロアクティブ性がモチベーションおよびメンタルヘルスに対してポジティブな影響力を有していること，そして，能動的忠実性がモチベーションに対してはポジティブな影響力を有している一方で，メンタルヘルスに対してはネガティブな影響力を有していることが示される。

第6章では，日本人労働者に最も多いと考えられる能動的忠実型フォロワーに着目し，その特徴ともいえる，メンタルヘルスに対する好ましくないインパクトについて検討する。能動的忠実型フォロワーはかつて，日本企業社会において問題となった「会社人間」へと変容する可能性を秘めている。そこで，組織コミットメント概念を用いて，そのメカニズムについて検討していく。なかでも日本に特有と考えられる内在化コミットメントに注目し，メンタルヘルスとの関係性について論じていく。

第7章では，それまでの議論を踏まえて，日本におけるフォロワーシップ・マネジメントについて考える。改めて，日本人の心理構造や組織との関係性などについて検討したうえで，これからの日本人労働者は自らの観我を強化し，組織としては，労働者を一人の自然人として捉えることが必要であることを主張する。その後，フォロワーシップ・マネジメントを日本的HRMに応用した場合に，どのような具体的活動が考えられ得るかについて，ささやかな提言を

4

序　章　リーダーシップからフォロワーシップへ

行う。最後に，フォロワーシップ・マネジメントにとって大きな刺激となる進化型経営について触れ，章を閉じる。

　本書の意義は，まずこれまではほとんど議論されることのなかったフォロワーおよびフォロワーシップについて取り上げ，暫定的ではあるものの，一定の定義を与えたことにある。また，フォロワーシップが現代の企業社会において求められていること，そして，その発揮が可能であること，従うことがデフォルトであることなどを明らかにしたことも，本書の意義といってよいであろう。また，経営学の古典を紐解くことによって，フォロワーシップ研究にとっての有意義な示唆を見出したことも一つの成果である。特に，フォレットの論考は本書にとっても大いに参考になっている。そして，これら以上に強調したいのは，今後フォロワーシップを捉えるうえで基礎となるであろう，個人のなかに存在する二つの心理機制を，観我と従我という概念として措定したことである。以前の論考では，自己性や他者性といった概念を用いて説明を行っていたものの，いまひとつしっくりしないところがあった。しかし，現代認知心理学や禅などにおける知見を取り入れることによって，フォロワーシップ概念として位置づけることができた。さらには，日本的フォロワーシップを三つのタイプに分類したこと，なかでも能動的忠実型フォロワーが日本においては最も多く，メンタルヘルスを損なう危険性を秘めていることなどを明らかにした点も大きいと思われる。これからの時代，リーダーシップ偏重型の組織では，様々な歪が生じてくるだろう。こうした意味において，フォロワーシップ・マネジメントは，それに相応しい新時代型の組織を必要とするに違いない。フォロワーシップ研究はその先駆けになるのである。

5

第1章

今，なぜフォロワーシップ論なのか

リーダーなんかいると，個人が死んじまうんだ！
——映画「踊る大捜査線　THE MOVIE 2：レインボーブリッジを封鎖せよ」より

　現代の経営学や経営組織論，そして組織行動論といった学問領域で，リーダーシップ論が取り上げられることはあっても，フォロワーシップ論が取り上げられることはまずない。後にも述べるように，フォロワーは受動的な存在としてのみ捉えられてきたため，組織の成果はリーダーによって決まると考えられてきたからである。そもそも，経営近代化の黎明期である産業革命期以降20世紀初頭頃までは，厳然とした階級格差が資本家と労働者の間に存在しており，フォロワーたる労働者に影響力を行使する余地などほとんどなかったといえる。しかし，21世紀の現代において，こうした状況は変化してきている。以前ほど，リーダーはフォロワーに対して影響力を行使することが難しくなってきている。一方で組織が成果を上げるためには，フォロワーによる主体的貢献が必要になってきているのである。

1　労働組織におけるフォロワーの相対的地位の変遷：
　　人事労務管理の歴史から

　フォロワーがただ受動的な存在としてのみ捉えられていた時代は，フォロワーの社会的地位が低い時代でもあった。フォロワーは期待されることもなく，貢献主体としてみなされることもなかった。しかし，労働組織内におけるフォロワーの社会的地位が向上するにつれて，——それはフォロワーの能力や意欲

7

の向上をも伴い——，フォロワーが活躍することのできる環境が整い始める。期待は，実現可能性を担保として生じる。フォロワーの存在が認められるようになってきたということでもある。そしてまた，それはリーダーの地位低下をも意味していた。フォロワーの社会的地位とは，リーダーとの間における相対的地位を指しているからである。フォロワーとリーダーとの関係はどのように変化してきたのであろうか。そこでここでは，ヒトに関する管理としての人事労務管理の歴史を辿ってみることにしたい。産業革命以降現代に至るまで，その時代に典型的な人事労務管理は，社会的背景の影響を受けて，その基本的な考え方や政策を変化させてきた。そこには，経営や組織がフォロワーである労働者をどのように認識し，管理しようとしてきたのかが反映されている。それは，リーダーとフォロワーの関係を，ひいては組織内におけるフォロワーの社会的地位を映し出すことにもなる。

　さて，ここでは関口（1977）および森（1973）を参考に，これまでの人事労務管理の歴史を五つの時期に区分する（松山，2017）。すなわち，専制的労務管理期，温情的労務管理期，近代科学的労務管理期，人間関係論を基礎とした労務管理期，そして，人的資源管理期である。

［ 1 ］　専制的労務管理期

　第一期は専制的労務管理期と呼ばれる。関口（1977）によれば，産業革命によってもたらされた新鋭機械は，労働者から労働の機会を奪うと同時に，熟練労働者が使用者に対して有していた発言権をも奪ってしまうことになった。そして，こうした労働者は都市において，豊富な貧民層を形成し，また農村からの流出者も加わり，労働市場は完全な買手市場になっていったと考えられている。つまり，経営者にとっては都合のよい状況にあったということである。なぜなら，労働者は生活のために，経営者に依存せざるを得なかったからである。それは，経営者によって，労働者が自由に使用されることを意味した。また，この時期は労働者を保護する法律もあまり整備されておらず，さらには，労働組合もほとんど組織されていなかったため，集団の力を背景とした強い発言力

第1章　今，なぜフォロワーシップ論なのか

および交渉力を労働者たちは持ち合わせていなかった。こうした状況は，ますます経営側の横暴を許すことになり，当時の労働者は暴力と飢餓的低賃金と長すぎる労働時間にさらされるのが一般的であった（森，1973）。このような管理は「ムチと飢餓による管理」とも呼ばれた（関口，1977）。こうした点は日本においても同様であり（細井，1954），リーダーとフォロワーの関係は，主人と奴隷の関係に近かったといえる。まさにリカートのいう，経営管理システム1の段階である（Likert, 1967）。リーダーはフォロワーに対して容易に影響力を行使することができた。

［2］　温情的労務管理期

　第二期は温情的労務管理期と呼ばれる。19世紀中期から第二次世界大戦までの時期がこれにあたる。専制的労務管理期にみられた，労働者を人間として扱わないような管理方法では，労働力が再生産されるはずもなく，経営者もこのままでは，生産効率を高め品質を向上させることは不可能であると気づき始めた時期である。温情的労務管理が登場する契機としては，19世紀中期に欧州各国で広まった労働運動を挙げることができる。1848年は，欧州では労働者階級登場の年と呼ばれており，フランスでは2月革命が，ドイツでは3月革命が起こり，そしてイギリスではチャーチズム運動が次第に労働運動的色彩を鮮明にしつつあったとされる。また，マルクスとエンゲルスが『共産党宣言』を発表したのもこの年である。このような労働運動の高まりが労働者の地位向上を推し進めたため，経営者が従前の専制的労務管理を続行することが困難になってきたのである（関口，1977）。また，イギリスにおいては，19世紀後半に，労働者保護法，近代的労働関係法，労働災害に対する雇主の責任を定めた雇主責任法といった，労働三法が一応ではあるが体系的に整えられたことも要因としてあろう（森，1973）。また，この時期に欧州大陸諸国やアメリカにおいて労働組合の組織化が進み始めたことも大きい（森，1973；関口，1977）。

　さて，このような温情主義的管理は父権主義的管理または親権主義的管理とも呼ばれる。従来の専制主義的労務管理と異なり，父親がその子を愛するよう

9

に，従業員の希望を察知し，福祉を考え労働条件を積極的に改善しようとするところがその名の由来である。しかし，その根底には，これらはあくまでも経営者によって与えられる恩恵であるという考え方があった。両者の関係は実際の父子関係とは異なっていた。労働者はまだ，十分には尊重されていなかったのである。それが，専制的労務管理を「ムチ」による管理と呼ぶのに対して，温情的労務管理が「アメ」による管理と呼ばれるゆえんである（関口，1977）。リーダーとフォロワーの関係は主人と召使の関係に似ている。まさにリカートのいう，経営管理システム2の段階であろう。フォロワーの地位は少し上昇したとはいうものの，相変わらず属人的な支配を受けていることに変わりはなかった。フォロワーはある意味，リーダーの所有物であり，リーダーから独立した主体としては考えられていなかったのである。

［3］ 近代科学的労務管理期

　第三期は，近代科学的労務管理期と呼ばれる。関口（1977）によれば，この段階は第一次世界大戦を契機として進展した。まずこの時期に欧州では，産業社会においても民主主義が自覚されるようになる。すなわち，労働者の人間性を認め，雇主と労働者は同格であるという観念が浸透し始めたのである。しかし，こうしたいわゆる対等観は，労働者に対する経営者の温情を認めないため，それまでの温情主義的労務管理は軌道修正を迫られることになった。もはや，主人が召使に施すような関係は成り立たないということである。また，産業民主主義思想の急速な発展によって，労使対等原則も強く意識されるようになった（森，1973）。労働組合は，様々な労働条件を決定する際の対等な交渉相手として認められるようになったのである。

　ただし，森（1973）によれば，アメリカはややその事情を異にした。雇主による自発的な労働条件の向上と，従業員代表制による従業員の地位向上という福祉主義によって，労働組合の地位は欧州ほどには高まらなかった。従って，第一次世界大戦を契機として，経営労働秩序の維持よりも労働力の有効利用に対する関心が高まっていくのである。それは，大戦による労働力不足を原因と

第1章　今，なぜフォロワーシップ論なのか

していた。また，軍隊における適正配置の必要性や，様々な移民を組織的にまとめあげていく必要性から，客観的かつ合理的（関口，1977）で，組織的科学的（森，1973）な管理方法をも求められていたのである。

　ここで科学的管理法とは，テーラー（F. W. Taylor）ならびにその協力者たちによって提唱された管理法を指している。テーラーによれば，管理の主な目的は使用者の最大繁栄とあわせて，従業員の最大繁栄を実現することにある。そして，その繁栄は個々人が最高度の能率を発揮することによって達成されると考えられていた（Taylor, 1911）にもかかわらず，当時の労働者たちは組織的怠業によって，経営者に抵抗していた。成り行き任せの無管理がもたらした結果であった。テーラーによる科学的管理法は，こうした無管理状態の払拭と，目に見える管理の実現を目的としていたといえる。

　そしてそれはまた，組織内部に厳格なヒエラルキーを形成することにもなった。科学的管理法は，構想（計画）する者と実行（執行）する者といった観点から，労働組織をヒエラルキーに再編したのである（太田，2017；樋口，1989）。産業民主主義が進展し，経営者と労働者の間にあった社会的地位の格差が縮小する一方で，近代的組織が確立し，一元的統制が行われるなかで組織内部のリーダー＝フォロワー関係が体系化されていったと考えられる。さらにそれはまた，それまでのような属人的な支配ではなく，ヴェーバーのいう，非属人的・合法的支配の実現をも意味していた。このとき初めて，労働者は経営者による所有から脱し，独立した存在としての地位を得たといえるのかもしれない。しかし，フォード・システムをみてもわかるように，徹底した分業体制のもとで，指示に従うことのみを求められていたフォロワーに影響力を行使する機会はほとんどなかった。この頃はまだ，親のいうことは何でも聞く，幼子のような存在だったのである。ただ以前と異なるのは，主人に対する奴隷や召使というように，両者が全く異なる存在というわけではない点であろう。一元的管理のもとで，リーダーとフォロワーは同じ従業員という位置づけにはなったのである。

II

4 人間関係論を基礎とした労務管理期

第四期は，人間関係論を基礎とした労務管理期と呼ばれる。これまでみてきたように，科学的労務管理は企業における労働力の効率的利用と，経営者による直接的統制を可能にした。しかし，行き過ぎた科学的管理は労働による人間性疎外をも生み出してしまったようである。例えば，大量生産を世界で最初に成功させた代表的な企業である，フォード自動車会社をみてみよう。フォード社は，1908年にＴ型フォードの開発に成功した後，1928年までの間に約1600万台の自動車を生産し，全米自動車市場の約50％の占有率を獲得するまでに成長した。それは，徹底的に作業の細分化と標準化を図り，労働者が担当する作業を一つだけに限定した結果であった。しかし，こうした単純労働のみを強いることが，結局は労働者に対して精神的苦痛をもたらし，意欲の減退を引き起こし，ひいては生産性の低下を招いてしまったのである。

これはまた労働者を人間としてではなく，機械として扱った結果でもあった。テーラーの提唱した作業研究は一連の作業を細かく分解することによって，標準化を図ろうとするものであった。しかし，この方法がいかにも人間個人を部品に分解するかのごとくに捉えられたのである。また，機械文明の進展は工場内の機械化をも推し進めた。労働者たちは生産ラインに張り付いて仕事をするようになった。そして，いつの間にか彼や彼女たちは，生産設備を動かす機械のスピードに合わせて仕事をするようになっていたのである。まさに機械の歯車であったといえる。科学的労務管理の時代における典型的な労働者像が，機械人モデルと呼ばれる所以である。

関口（1977）によれば，こうした労働者の人間性喪失の問題に着目し，その解決に取り組むべくなされたのが人間関係研究であり，その母体となった実験がホーソン実験であった。また，森（1973）によれば，1930年代の大不況期における近代労務管理の限界が，人間関係研究の労務管理への適用を促した。戦時需要による労働力不足を克服するためにも，経営モラールの向上が求められたが，当時の福祉主義的従業員サービスだけではそれは困難だったのである。森（1973）によれば，当時のイギリスにおける労務管理技術の発達が停滞的で

あったのと比較すると，アメリカにおいてはいくつかの理由によってその進展がみられた。それらのなかの一つとして，ホーソン実験（Mayo, 1933）を基礎とした人間関係研究の成果の労務管理への導入が挙げられている。

　ホーソン実験によって得られた成果は，「感情と非公式組織の発見」とよく言われる。何よりも，生産性の向上に労働者感情が寄与していることを見出した点は大きい。それまでのテーラー的発想から抜け出し，非論理的かつ心理的な側面に光を当てた最初であった。またホーソン実験は，労働者が企業によって設定される公式組織とは別に非公式組織を形成することをも明らかにした。労働者が感情を有する以上，職場にも快適な人間関係を求めることは当然であり，このような労働者感情から自然に生じる非公式組織によって，また，新たな労働者感情が生み出されることになるのである。こうしてフォロワーである労働者は，物言わぬ受動的な幼子から，感情を有する能動的な青年として扱われるようになった。ホーソン実験の成果を応用した人間関係管理では，フォロワーの態度が重視され，フォロワーの参加意欲を刺激するような管理技法が駆使される。従って，フォロワーの地位はかなり向上したと考えてよいであろう。リーダーはフォロワーに配慮する姿勢を見せなければ，影響力を行使することが難しくなってきたのである。しかし，あくまでも半人前の青年の段階であり，依然として一人前の成人としては扱われていなかった。

5 人的資源管理期

　第五期は，人的資源管理（Human Resource Management：HRM）期と呼んでよいであろう。1960年代以降現代までを指していると考えられる。岩出（1989）によれば，アメリカにおけるHRMの理論的基礎は，1960年頃から急速に発達した経済学研究領域における人的資本理論（human capital theory）と，人間関係研究から発展した行動科学にもとめることができる。人的資本理論とは，人間の内部に蓄積される知識と技能を人的資本と定義し，人的資本の増大をはかる一つの方策は教育訓練への投資であるとする理論であり，戦後アメリカ政府の発展途上国に対する経済援助政策の行き詰まりへの反省から生じたと

いわれる。

　これらは，経済成長を長期的な視点で考えた場合，労働者は変動費用として捉えられるべきではなく，投資対象として，つまり将来のための資産として扱われるべきであるという見方が，アメリカ社会に起こりつつあったことを示している。さらに，1960年から1970年代には，平等で公平な処遇への関心が高まったことにより公民権法や雇用機会均等法が成立し，こうした法制化と相俟って個人の幸福と福祉への社会的価値観が高まったことも，HRM登場の背景として挙げることができるとされている。

　つまり企業において従業員は貴重な資産（McKenna & Beech, 1995）となったのであり，その労働能力は個人にとっても開発すべき資源（奥林，1995）なのである。こうした点はわが国においても同様で，当時の経済企画庁総合計画局長であった向坂（1963）によれば，人的能力政策の根本を流れる理念は人間尊重の精神であり，能力主義の徹底である。そして能力主義とは，潜在的な能力を十分に伸ばすとともにこれを活用することを目的としており，このような点からも，現代のフォロワーが組織における貴重な戦力として考えられていることがみて取れる。これまでとは異なり，現代のフォロワーは影響力の発揮を求められており，また，それだけの地位を獲得しているともいえるのである。それは，組織において一人前の成人として認められたことを意味している。

　このように産業革命以降，現代までの間に，リーダーとフォロワーを取り巻く環境は大きく変化してきた。時代が進むにつれて，間違いなくフォロワーの地位は向上してきたと思われる。それは，同時にリーダーのフォロワーに対する影響力行使を困難にしている。また，裏を返せばフォロワーによる影響力行使が容易になってきたということにもなろう。McGregor（1960）もいうように，リーダーによる統制はリーダーとフォロワーの依存関係によって決まる。マグレガーによれば，1960年当時のアメリカでは，すでに権限による統制は限界にきていた。権限による統制は主に罰則によって行われる。専制的な労務管理期にみられたように，労働者が経営者に完全に依存しているような状況であれば，それも可能であろうが，以前よりは容易に転職できるようになった現代に

おいて，同じ企業に留まり続ける必要はなくなった。そういう意味では，両者は部分依存関係にあるといえるのである。そしてさらにマグレガーは，両者の関係が部分依存から相互依存へと変化していくと考えた。友人との間に形成されるような相互依存関係では，リーダーといえども権限に任せた統制を行うことは不可能である。リーダーは専ら説得によって，フォロワーを動かす以外に方法はないのだといえる。こうしたマグレガーの言説からも，フォロワーの地位が向上してきたこと，それゆえ，フォロワーが組織内で自由に影響力を発揮できるようになってきたこと，そして，フォロワーが組織成果の鍵を握る存在として認められるようになってきたことが示唆されるのである。

2　リーダーシップの弱体化：時間に追われる現代のリーダー

　前節では，人事労務管理の歴史を紐解くことによって，リーダー＝フォロワー関係の変遷を辿った。現代は HRM の時代であり，以前に比べてフォロワーが個人として尊重されるようになってきたことが明らかになった。

　さて，HRM はそれ以降も進化を続けており，最近では戦略的人的資源管理（Strategic HRM：SHRM）とも呼称されるようになっている。個々のフォロワーは，戦略を実現するための重要な経営資源なのである。こうした個人尊重の視点は，様々な HRM 施策に反映されている。例えば，その一つが自己選択型 HRM である（松山, 2008）。ここで自己選択型 HRM とは個人選択型 HRM とも呼ばれており，社員個人に対して選択的自由度を大幅に認め，その価値観と自由意志を尊重する HRM であるとされる（吉田, 1999；八代, 2002）。それまで組織や管理者によってなされてきたフォロワーの配置や昇進の決定を，フォロワー個人の意思に委ねるということなのである。このことは，当然，リーダーの相対的地位の低下をもたらす。果たしてこのような状況で，旧態依然としたリーダー＝フォロワー関係を維持することができるのだろうか。

　近年，管理職という存在自体に違和感を有する若手社員が増えているのだという（高橋, 2017）。中堅以下の社員を対象としたリクルート・マネジメント・

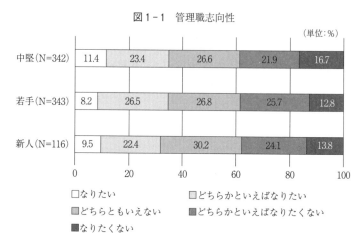

(出典) RMS Research「新人・若手の意識調査2016」。

　ソリューションズの調査によれば，管理職になりたいと回答した社員は，なりたくないと回答した社員よりも少ない。図1-1をみてみると，「なりたい」という回答と「どちらかといえばなりたい」という回答を加算した割合は，「なりたくない」と「どちらかといえばなりたくない」を加算した割合を，いずれも下回っていることがわかる（中堅7年目：34.8% VS 38.6%，若手4年目：34.7% VS 38.5%，新人1年目：31.9% VS 37.9%）。ちなみに，新人については3年毎の経年比較も行われており，2016年の調査で初めて両者の割合が逆転したという。このように，管理職になりたくないと考える若手が増加している背景には何があるのだろうか。これはリーダーシップの弱体化を物語っているのであろうか。本節では，現代の組織におけるリーダーについて考えてみよう。リーダーについて考えることは，フォロワーについて考えることにもなるはずである。ただしここでは，特に日本の組織に焦点を絞って論じていくことにする。

1　仕事のスピード化と組織のフラット化

　リーダーを取り巻く環境の変化としてまず取り上げたいのは，経営のスピード化である。消費者のニーズは時々刻々と変化・多様化し，技術革新も急速に

第1章 今, なぜフォロワーシップ論なのか

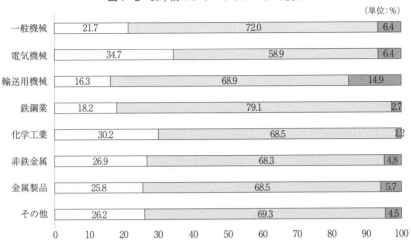

図1-2 10年前のライフサイクルとの比較

(出典) 経済産業省, 厚生労働省, 文部科学省編 (2016)。

進んでいる。IT化によって組織は効率化したと思われるが, それ以上に社会のスピードが速くなった。樋口 (2012) によれば, 近年の仕事のスピード化によって上司たちのストレスは増加している。仕事の納期が短期化しているというのである。それについては, 製品やサービスのライフサイクルが短くなったことも一因である。『2016年版ものづくり白書』によれば, 製品ライフサイクルが10年前と比較して短くなっていると回答した企業の割合は, 長くなっていると回答した企業の割合よりも大きい (図1-2)。仕事のスピード化は, 間違いなくリーダーの時間を奪っている。

リーダーの時間を奪っているのは, 経営や仕事のスピード化だけではない。組織のフラット化もその一つである。「分化」によるマネジメントを提唱する太田 (2017) によれば, 前期工業社会ではタテの分化が進んだ。前述したように, テーラーの科学的管理法やフォードによる大量生産システムは, 組織を計画と執行に分化し階層を形成した。また, 大量生産を可能にするための大規模な組織は, さらなる階層化を促進し, 上下間では権限の序列, 命令と服従の関係が明確に定められていったのである。そして奥林 (2004) もいうように, こ

の時代の経営環境は安定しており，リーダーによる調整が可能であったため，フォロワーがリーダーの指示のみで行動しても一定の成果が生じていた。

　ところが，第三次産業の拡大，経済のサービス化，そしてソフト化の進展に伴って，組織はフラット化を余儀なくされるようになってきた（太田，2017）。なぜなら，サービス産業の中心を占める小売や流通は，多様化する市場に迅速に対応する必要があり，顧客に近い第一線のフォロワーが意思決定しなければ，競争優位の機会を失ってしまう恐れがあるからである。また，市場の多様化は多品種少量生産を必要とし，前述のように製品の開発頻度も高くなると，現場の作業者が生産を調整しなければならなくなるため，製造業においても組織のフラット化が必要となる。さらに奥林（2004）によれば，多くの大企業が，いわゆる「大企業病」を避けるために，フラット型への組織変革を進めた。この傾向は，1980年代以降顕著にみられるという。確かに，トヨタ自動車のように係長制を復活させた企業もある（『日本経済新聞』2011年6月11日朝刊）。しかし，それは少数に過ぎず，組織フラット化の流れは，未だ健在といえよう。

　言うまでもなく，組織のフラット化は管理の幅を大きくする。すなわち，一人のリーダー（管理者）が管理すべきフォロワーは，フラット化によって増大するのである。当然，一人ひとりのフォロワーに割かれる時間は少なくなる。例えば白石（2010）は，管理の幅には適正な数値が存在し，かつ適切な数値を超えると，組織パフォーマンスに悪影響を及ぼすという先行研究を踏まえて，組織のフラット化が様々な従属変数に与える影響について調べている。それによると，課の超過人数はコミュニケーションの頻度に負の影響を与えており，管理人数が超過状態にあると意思疎通が悪くなることを明らかにしている。また同様に，課の超過人数は新人・若手の育成能力を低下させており，これらのことから，フォロワーが増えることにより，リーダーのフォロワーへの配慮が減ることは明らかであるように思われる。

　これらの結果は，後に行われたインタビュー調査によっても裏づけられている（白石，2010）。多くの企業が管理人数の拡大状態を問題視しており，それは従業員の能力開発への影響を危惧してのことであるというのである。また逆に，

第1章　今，なぜフォロワーシップ論なのか

組織をフラット化していない企業は，フラット化しない理由の一つとして，従業員の育成システムが破綻することを避けるという点を挙げているという。さらに白石（2010）によれば，フラット化によって組織が大括りになっても，非公式の階層ができ（つまり係長のような従業員が生まれ），日常的な運営には支障が生じないものの，その非公式さゆえに課員の育成までは担ってくれないという現状もあるようである。そこで白石は，能力開発に責任を負う係長ポストが必要であると述べている。

2　プレイング・マネジャー化

　さて，リーダーを取り巻くこうした状況変化に拍車をかけているのが，管理者のプレイング・マネジャー化である。プレイング・マネジャーとは，部下管理や指導，育成といったマネジャーとしての役割と，一般業務といったプレイヤーとしての役割を兼ね備えた管理者を指している。1980年代後半頃から，日本企業の職場にみられるようになってきた。そもそも管理者には，「日常の定型的な業務の処理を下位者に委譲し，判断業務や戦略および計画立案など非定型的な事項における決定権または統制権のみを保留しそれに専念する」ことが求められるとされてきた（占部編，1980）。一般的に，例外原理と呼ばれている経営管理の原則である。しかし，現代日本企業においてこのような原理は通用していないようである。

　例えば，産業能率大学が2015年に実施した調査によれば，プレイヤーとしての仕事が全くないと回答した課長は0.9％であった。ほぼ100％に近い課長がプレイング・マネジャーであることが理解できる。また，労働政策・研修機構（2011）では，役職別に見たプレー度が調査されている。ここで「プレー」とは「部下の労務管理や部署運営ではなく自分で一般業務をすること」（58頁）と定義されている。調査の結果，課長職のプレー度は平均59.0％，部長職のプレー度は平均48.9％であることが明らかになっている。管理者の全業務の，実に半分が一般業務に割かれていることになる。裏を返せば，部下管理や指導などのマネジャーとしての業務は半分に過ぎない。さらにカップ（2015）がタワ

19

ーズワトソンによる調査結果を紹介しているが，その調査によると，「マネジャーは仕事の人的側面を扱うのに必要な時間がある」という表現に同意したのは，アメリカ人では50％であったのに対して，日本人では26％のみであった。このように，現代日本企業のリーダーたちはフォロワーと接する時間の多くを奪われているのである。

　確かに，ICT化に伴って，リーダー＝フォロワー間のコミュニケーション・チャネルは増加したし，コミュニケーション効率は高まった。従って，フォロワーに割く時間が少なくなったとしても，それはコミュニケーションの効率化によって相殺されているかもしれない。しかし皮肉なことに，便利になった分，フォロワーはあらゆる情報をリーダーに報告している可能性がある（山口，2000）。先述した例外原理を踏まえるのであれば，「部下が上司に報告する際には，網羅的な報告で上司を煩わすことを避け，例外的事項にたいして上司の注意を引くような報告様式が必要とされる」（占部編，1980）はずである。にもかかわらず，現代のフォロワーたちはあらゆる情報をリーダーに報告するため，その処理にリーダーが埋没してしまっている。そして近年よく耳にするのは，フォロワーだけでなく，様々な関連職場から受けるコピーメール，いわゆるCCメールである。会社の規模や仕事の内容にもよるが，筆者の知るところでは，課長職，部長職クラスのマネジャーが1日当たりに受け取るメールの量は100を下らない。そのうえ，会議である。管理者はほとんど職場にいないという。決裁を待っている部下や，相談したいと思っている部下の仕事はその時点で滞るであろう。そして，ようやく上司が会議から帰ってきたと思って声をかけても，上司自身の一般業務もあり，「後にしてくれないか」と言って部下を遠ざけるという始末である（国際産業関係研究所，2017）。このような状況で，リーダーシップは生じるのだろうか。

　産業医である荒井（2008）によれば，若いフォロワーたちは上司たちとの人間関係に悩んでいる。その原因はコミュニケーションの希薄さにあるという。上司は若いフォロワーたちを放置しているというのである。しかし一方で，カップ（2015）によれば，日本のマネジャーのほとんどがマイクロマネジャーだ

第1章　今，なぜフォロワーシップ論なのか

という。マイクロマネジャーとは，非常に細かいところまでコントロールする
上司を指している。マイクロマネジャーは，部下の仕事の細部にわたって監視
し，些細な意思決定にまで関与しているというのである。両者の見解は食い違
っているようにも思われる。ただいえることは，どちらにしても健全なリーダ
ーシップはそこにはないということである。フォロワーの放置は論外として，
マイクロマネジャーの管理行動にも，現代においては無理がある。時間に余裕
がない状況でのマイクロマネジメントは，どこかに歪を生じさせるに違いない。
こういった状況を克服するために，企業はリーダーシップの強化，開発に力を
入れようとする。しかし，それももう限界なのではなかろうか。リーダー偏重
の組織づくりと運営は改められるべきではないのだろうか。

3　リーダーシップ神話

［1］　リーダーによる支配の根拠

　そもそも，リーダーがフォロワーを支配することのできる根拠は何だろうか。
前述のように，多くの場合，組織は階層化されており，地位上の格差が存在す
る。上位を占める者が上司であり，下位を占める者が部下である。そして，大
体において上司がリーダーの役割を担い，部下がフォロワーの役割を担う。厚
生労働省が2016年度に作成したモデル就業規則の服務規程によれば，労働者は
会社の指示命令に従わなければならない。それは，具体的にいうならば，会社
を代表する経営者，そして，そのエージェントたる各階層の管理者＝上司の指
示命令に従うことを意味している。支配の三類型を唱えた Weber（1956）によ
れば，まず命令権力の妥当性は制定された合理的規則の体系によって与えられ
る。「これらの規則は，規則によってその『地位に就いた人』が服従を要求す
るときは，一般的拘束力をもつ規範として服従される」（邦訳，29頁）。そして，
服従が行われるのは，規則に対してであって，人に対してではないとする。従
って，命令者としての上司も，命令を出す場合は，その規則に服従している。
また，命令者の支配権は，制定された規則によって，権限の範囲内で正当化さ

れている。

とはいえ，実際に指示命令を下すのはその地位にある生身の人間である。たとえ規則や制度に従っているとしても，その人が真にその地位にふさわしい人物であるか否かはまた別問題である。だからこそ上司に不満をもつ部下は多いのである。古典的研究ともいえる Herzberg *et al.*（1959）で示された，不満要因の上位5つのなかに，監督技術と対人関係（上役）が含まれていることからもそれは明らかであろう。またフォロワーシップ論の父ともいえるロバート・ケリーによれば，フォロワーの立場からみて，フォロワーに信頼や自信を与えてくれる能力があった，と認めることのできるマネジャーは全体の5分の2程度に，また，フォロワーのうち直属の上司を信頼しているのは3分の2程度にとどまっている。つまり，約3分の1のフォロワーは，上司を信頼していないということになる。さらに，フォロワーの約3分の2が，上司から自らの貢献を認められていないと感じているというのである（Kelley, 1992）。

こういった傾向はわが国でも同様のようである。人材紹介会社のマイナビが2017年に実施した調査によると，上司に不満をもったことのある部下は実に9割にも上る（http://news.mynavi.jp/news/2017/02/14/165/　2017年8月現在入手可能）。合法性という根拠があるにもかかわらず，リーダーによる支配に対して不満を表明するフォロワーは数多い。それは，リーダーという地位が支配することを認めることと，それを実行する目の前のリーダーを認めることとは別の問題だからである。そして，何よりもそのリーダーをフォロワー自身が選んでいるわけではないからである。また，合法性といっても，その表現としての制度やルールは，フォロワーによって構築されたものではない。従って，いくら合法的であると言っても，こうした制度やルール自体がフォロワーの納得性を引き出せていない可能性もあるのである。

ヴェーバーは支配のあり方として，これまで述べてきた合法的支配のほかに，伝統的支配とカリスマ的支配も挙げている。伝統的支配とは，「昔から存在する秩序と支配権力との神聖性，を信ずる信念に基づいている。最も純粋な型は家父長制的な支配である。支配団体は協働社会関係であり，命令者の型は『主

人』であり，服従者は『臣民』で」（邦訳，39頁）ある。伝統や習慣，血統や家系からの伝習やしきたりに正当性の基礎を置く支配であるといえる。こうした伝統の神聖性が一定の人たちに対する服従を正当化する。例えばわが国の場合，国税庁が実施している，「税務統計から見た法人企業の実態調査（平成27年度）」によると，同族企業の割合は全体の約96％にものぼる。すなわち，ほとんどの企業において，特定の一族が経営を支配していることになる。かつての日本的経営は家族主義経営と評された。経営者を長とする家父長的経営が日本企業の特徴とされたのも，こうしたところに理由があったのかもしれない。創業者の一族であるという理由で，リーダーは伝統的権威をまとうことになる。しかし，先ほどの合法的支配と同じように，リーダーはフォロワーによって選ばれるわけではない。能力がないにもかかわらず，一族の人間であるというだけで選ばれたリーダーが支配する場合に，納得性が得られるとは思われない。

　最後にカリスマ的支配は，「支配者の人と，この人のもつ天与の資質（カリスマ），とりわけ呪術的能力・啓示や英雄性・精神や弁舌の力，とに対する情緒的帰依によって成立する」（邦訳，47頁）。ヴェーバーによれば，命令者の型は指導者であり，服従者の型は帰依者である。支配団体は宗教団体が想定されているが，現代の産業組織にも当てはめることは可能であろう。例えば，豊富な業務知識や類まれな専門能力，もしくは人格の高潔さなど，フォロワーによって感じられる魅力や権威が源泉なのである。しかし，後述するように，カリスマ性はフォロワーによる認知によって成立する。フォロワーが認めなければ支配の根拠を失うことになる。また，専門性や知識などの優位性がなくなっても同様であろう。

　以上，ヴェーバーによる支配の三類型を参考にして，リーダーによる支配の根拠について考えてきた。それはリーダーが占める地位の根拠ともいえる。みてきたように，リーダーの立っている場所は完全に盤石とまではいえないようである。いずれの支配形態もフォロワーが鍵を握っている。合法的支配および伝統的支配においては，フォロワーによってリーダーが選ばれるわけではないため，支配自体の根拠だけでは，フォロワーの納得性を得られない。そしてカ

リスマ的支配においては，そもそもフォロワーの認知がなければ成立しない。民主主義が標榜される先進国であっても，産業や行政の組織内部では民主的な体制はとられていない。特に産業組織の場合，自由市場のなかで競争をする以上，生存確率を高めるためには，迅速な意思決定が求められる。組織成員の合議で運営を行っていては，時間やコストがかかり過ぎて，非効率なのであろう。しかし，リーダーを中心とした組織運営を行うのであれば，やはりそこには一定の納得性が必要ではないだろうか。

2　リーダーシップ・ロマンス：リーダーシップは有効か？

　以上のように，リーダーという地位・役割の根拠はそれほどまでに盤石とはいえない。このような基盤のうえにリーダーは立っている。それでも，現代の組織においてリーダーの存在は依然として重要視されている。しかし，前節で述べたことと合わせて考えると，これまでのようにリーダーに依存し続けるのは難しいのではないだろうか。ケリーによれば，組織成果に対するリーダーの貢献度は10〜20％に過ぎない（Kelley, 1992）。我々はリーダーシップを信奉するあまり，過度にリーダーに依存してしまっている。こうしたリーダーシップ神話は，我々個人から能力を奪っているとケリーはいう。組織が成功している理由を，実際以上にリーダーに求めるということは，その裏返しとして，フォロワー自身の貢献を過少評価することにもなる。フォロワーは自らの真の実力を見誤り，自己効力感を失う危険性がある。なぜ，このようなことが起こってしまうのか。

　リーダーシップの有効性に対する疑問は，リーダー行動にフォーカスした研究が行われるようになって以降，少しずつ現れてきたようである（Pfeffer, 1977）。それらの研究は，組織成果に対するリーダーシップの貢献が小さいことや，リーダーシップ行動が一貫して組織成果に結びつくわけではないことを示していた。こうした研究を背景に，Pfeffer（1977）はまずリーダーシップ概念の曖昧さについて言及した後に，リーダーの有効性について議論を進める。そして，実際にはリーダー効果が小さいと考えられる原因として次の三つを取

第1章　今，なぜフォロワーシップ論なのか

り上げている。一つ目は，リーダーが組織内部で選抜される場合，組織特有の似通った人材が選ばれるため，リーダー行動が画一的になるというものである。二つ目は，リーダーは同僚や部下，自らの上司といった人々によって構成される社会システムに埋め込まれているため，行動が制約されてしまうというものである。そして三つ目は，組織成果に影響を与える要因がたくさんあるなかで，リーダーが影響を与えることのできる要因はわずかしかないというものである。

　Pfeffer はさらに議論を進め，リーダーシップはリーダーを取り巻く個々人が行う原因帰属のプロセスであると述べる。従って組織成果の良し悪しは，他の要因にではなく，リーダーシップに原因があるとみなされやすいというのである。Pfeffer は Kelley（1971）の帰属理論に依拠して，我々には自らの統制感を高めるような帰属を発達させる傾向があると述べる。複雑な環境よりも，リーダーといった個人の行為の方が統制しやすいと考えるのは当然かもしれない。それ故，個人はリーダー行動に原因を帰属させるようになるというのである。実際のところ，リーダー行動が組織の成果や有効性に影響を与えているか否かは関係ない。重要なのは，人々がそう信じているということなのである。まさにリーダーはシンボルなのだといえる。それ故，組織が失敗したときには，スケープゴートにもされるのである。

　組織有効性の原因を過剰にリーダーシップに帰属させるという現象を，リーダーシップ幻想（romance of leadership）として概念化し，アーカイバル・データと実験によって実証した研究が Meindl, Ehrlich & Dukerich（1985）である。彼らは Staw（1975）による一般的な議論をリーダーシップ現象に当てはめている。Staw（1975）によれば，因果関係に関して組織メンバーや観察者が述べる意見や信念は，出来事についての実際の因果的決定因というよりはむしろ，帰属的推定によって構成される。この点については，先の Pfeffer（1977）とほぼ同様であるといっていいであろう。ただし，リーダーシップへの帰属を統制感から説明しようとした Pfeffer と異なり，彼らは，バイアスによる説明を行うのみで，あまり明確な議論を行ってはいない。とはいえ，彼らの功績は，リーダーシップに関してフォロワーが有する先入観を明確に指摘し（小野，2012），

25

リーダーシップ幻想が持続的なフォロワーシップにとって重要な意味をもつことを示唆している点にあるといえる。

　これら一連の研究は，リーダーシップが美化され，誇張されすぎていることを示している。裏を返せば，実際にはリーダーシップはそれほどまでに組織の成果に影響を与えていないということである。組織の成果は様々な要因が複雑に絡まりあうなかで生じてくる。ヒューリスティック（暗黙のうちに用いている簡便な解法や法則）な認知プロセスが働くのもやむを得ないのであろう。ただ，過大に評価されているといっても，組織が成功しているのであれば問題はない。リーダーシップにおける問題は，それが組織の成果に対して負の影響を与える場合があることである。

［3］　破壊的リーダーシップ

　近年，破壊的リーダーシップ（destructive leadership）についての研究が蓄積されつつある。これまで様々な名称が用いられてきた。例えば，有害なリーダー（toxic leaders：Lipman-Blumen's, 2005），迷惑なボス（intolerable bosses：Lombardo & McCall, 1984），嫌がらせをするリーダー（harassing leaders：Brodsky, 1976），小さな暴君（petty tyrants：Ashforth, 1994）などが挙げられる。Einarsen, Aasland & Skogstad（2007）は，これらを総称して破壊的リーダーシップと命名し，次のように定義づけている。すなわち，「組織の目標や課題，資源そして，部下たちの有効性やモチベーション，心理的安寧や満足を台無しにし，破壊することによって組織のまっとうな利益を損ねる，リーダーや上司，管理者による体系的かつ繰り返される行動」（p.208）であると。こうした行動は，リーダーシップが存在しない状態よりも悪影響を及ぼす。そして，負の影響力は正の影響力よりも強力であるというのである。

　また，破壊的リーダーシップは必ずしもリーダーの能動的な働きかけによって生じるとは限らない。この研究において，破壊的リーダーシップは三次元に分類される。つまり，リーダーによる侵害が身体的か否（言語的）か，能動的か否（受動的）か，そして直接的か否（間接的）かで分類されるのである。そ

第1章　今, なぜフォロワーシップ論なのか

こで, 三人はリーダーによる侵害が能動的ではない例を二つ挙げている。一つ目は, 潜在的な安全リスクがある労働環境のなかで, 部下を守ることができなかったリーダーの例である。このケースは, リーダーが予め予防策を講じなかったという, 身体的, 受動的, 間接的な侵害の例である。二つ目は, 部下に重要な情報やフィードバックを与えることに失敗したリーダーの例である。こちらは, 言語的, 受動的, 間接的なケースとなる。前節で述べた, フォロワーの放置や無視は, こうした受動的な侵害のケースにあたるであろう。ただし, 一度ミスをしただけで, 破壊的リーダーのレッテルを貼るのは間違っている。定義にもあるように, それが繰り返された場合に, 初めてそのレッテルは貼られるのである。また, 三人によれば, リーダーの意図は関係ない。無自覚な行動であったとしても, 破壊的であることにかわりはないのである。

　近年, わが国でも, 上司によるパワーハラスメントが話題になっている。まさに, これまで述べてきた破壊的リーダーシップの一種であるといえよう。2016年度に厚生労働省が行った調査によると, 従業員向けの相談窓口で従業員から最も相談の多かったテーマがパワーハラスメントであった（32.4%）。また, 過去3年間に1件以上, パワーハラスメントに該当する相談を受けたと回答した企業は36.3%に上った。そして, 過去3年間にパワーハラスメントを受けたことがあると回答した従業員は32.5%であり, 前回行われた2012年度よりも7.2%上回る結果となっている。予防・解決に向けた取り組みを実施している企業は半数以上に達しているものの, 問題は深刻さを増しているようである。本調査は, パワーハラスメントを受けた場合の心身への影響についても回答を求めているが, 最も多い回答が「怒りや不満, 不安などを感じた」で約70%, 次に多かった回答は「仕事に対する意欲が減退した」で, 65%から70%の間であった。（「職場のパワーハラスメントに関する実態調査」）。当然のこととはいえ, 破壊的リーダーシップは部下に不満をもたらせ, 意欲を減退させる。組織の成果に対して負の影響を与えるのは間違いないであろう。

4　フォロワーシップ論の展開へ

　本章では，今なぜフォロワーシップ論が必要とされているのかについて，リーダーとの関係性に焦点を置くことによって解き明かそうとしてきた。ヒトに関する管理としての人事労務管理の歴史は，経営者もしくは組織および管理者が従業員や部下たちをどのように捉えてきたかを物語る。そこで，まずは産業革命以降の人事労務管理における変遷を振り返ることによって，リーダーとフォロワーとの関係性がどのように変化してきたのかを探ることにした。その結果，フォロワーのリーダーに対する相対的地位は上昇し，リーダーはフォロワーに対して，以前のようには影響力を行使することが困難になってきていることを明らかにした。現代においてフォロワーは主体性を発揮する自由を十分に有しているのである。

　次に，現代日本におけるリーダーシップにフォーカスした。現代日本企業を取り巻く環境は劇的に変化しており，経営および仕事のスピード化が増している。そのうえ，組織はフラット化する傾向にあり，管理すべきフォロワーの数が増えている。当然，一人ひとりのフォロワーに割く時間は減少する。さらにリーダーは，プレイング・マネジャーであることが多く，フォロワーに対する十分な配慮は不可能といえる。リーダーが部下管理や育成以外に多くの時間を奪われている現状を示すことによって，リーダーシップが弱体化の傾向にあることを明らかにした。

　最後に，リーダーシップの有効性について考えた。階級格差がなくなった現代の先進国社会において，リーダーのフォロワーに対する優位性を支える根拠は脆弱である。また，リーダーシップ神話について論じ，リーダーシップが過大評価されている問題にも触れた。さらに，リーダーシップが存在しない場合よりも好ましくないケースとして，破壊的リーダーシップを取り上げ，リーダーシップの有効性について疑問を投げかけた。以上のように，現代の企業社会においては，リーダーの相対的地位が低下し，リーダー中心の組織運営は時代

第1章　今，なぜフォロワーシップ論なのか

遅れになりつつある。今こそ，フォロワーに対して注目し，真摯なフォロワーシップ論を展開すべきときなのである。

参考文献

荒井千暁『こんな上司が部下を追いつめる：産業医のファイルから』文春文庫，2008年。

Ashforth, B., "Petty tyranny in organizaitons," *Human Relations*, 47, 1994, 755-778.

Brodsky, C. M., *The Harassed Worker*, Lexington Books, D. C., 1976.

Einarsen, S., Aasland, M. S. & A. Skogstad, "Destructive leadership behavior: A definition and conceptual model," *The Leadership Quarterly*, 18, 2007, 207-216.

Herzberg, F., Mausner, B. & B. B. Snyderman, *The Motivation to Work*, Wiley, 1959.（西川一廉訳『作業動機の心理学』日本安全衛生協会，1966年）

樋口弘和『理想の上司は，なぜ苦しいのか：管理職の壁を越えるための教科書』ちくま新書，2012年。

樋口進「現代資本主義における階級関係の変化をめぐって：レギュラシオン理論とJ. ヒルシュの議論の検討」『ソシオロジー』34(2)，1989年，57-71。

細井和喜蔵『女工哀史』岩波文庫，1954年。

岩出博『アメリカ労務管理論史』三嶺書房，1989年。

Kelley, H. H., *Attribution in Social Interaction*, General Learning Press, 1971.

Kelley, R. E., *The power of followership*, Doubleday, 1992.（牧野昇監訳『指導力革命：リーダーシップからフォロワーシップへ』プレジデント社，1993年）

国際産業関係研究所『国際産研』36，2017年。

カップ，ロッシェル『日本企業の社員は，なぜこんなにもモチベーションが低いのか？』クロスメディア・パブリッシング，2015年。

Likert, R., *The human organization: Its management and value*, McGraw-Hill Book Company, Inc., 1967.（三隅二不二訳『組織の行動科学：ヒューマン・オーガニゼーションの管理と価値』ダイヤモンド社，1968年）

Lipman-Blumen, J., *The allure of toxic leaders: Why we follow destructive bosses and corrupt politicians — and how we can survive them.*, Oxford University Press, 2005.

Lombardo, M. M. & McCall, M. W. J., *Coping with an intolerable boss.* Center for Creative Leadership, 1984.

松山一紀「自己選択型の人事施策が組織コミットメントに及ぼす影響」『組織科学』42(2)，2008年，61-74。

松山一紀『戦略的人的資源管理論』白桃書房，2015年。

Mayo, E., *The Human Problems of an Industrial Civilization*, MacMillan, 1933.（村本栄一

訳『産業文明における人間問題』日本能率協会，1951年）

McKenna, E. & Beech, N., *The Essence of Human Resource Management*, Prentice Hall UK, 1995.（伊藤健市・田中和雄監訳『ヒューマン・リソース・マネジメント』税務経理協会，2000年）

McGregor, D., *The Human Side of Enterprise*, McGraw-Hill Inc., 1960.（高橋達男訳『企業の人間的側面（新版）』産能大学出版部，1970年）

Meindl, J. R., Ehrlich, S. B. & J. M. Dukerich, "The romance of leadership," *Administrative Science Quarterly*, 30, 1985, 78-102.

森五郎「現代労務管理の歴史的形成とその動向に関する研究（その一）」『三田商学研究』16(1)，1973年，1-19。

向坂正男「人的能力問題の現状と課題」『日本労働研究雑誌』1963年1月号，4-11。

太田肇『なぜ日本企業は勝てなくなったのか：個を活かす「分化」の組織論』新潮選書，2017年。

奥林康司「序章 変革期の人的資源管理」奥林康司編『変革期の人的資源管理』中央経済社，1995年，1-11。

奥林康司「フラット型組織の現代的意義」奥林康司・平野光俊編『フラット型組織の人事制度』中央経済社，2004年，1-17。

小野善生「リーダーシップの幻想に関する研究の発展と展望」『関西大学商学論集』57(3)，2012年，49-66。

Pfeffer, J., "The ambiguity of leadership," *Academy of Management Review*, 2, 1977, 104-112.

労働政策・研修機構『労働政策研究報告書（128）：仕事特性・個人特性と労働時間』2011年。

関口功「労務管理の歴史的形成に関する試論」『国際商科大学論叢』16，1977年，21-35。

白石久喜「フラット化による管理人数の拡大が従業員の能力開発に及ぼす影響：管理人数の拡大に潜む長期リスクを探る」『Works Review』5，2010年，114-125。

Staw, B. M., "Attribution of the 'causes' of performance: A general alternative interpretation of cross-sectional research on organizations," *Organizational Behavior and Human Performance*, 13, 1975, 414-432.

高橋克徳『みんなでつなぐリーダーシップ』実業之日本社，2017年。

Taylor, F. W., *The Principles of scientific management*, Harper, 1911.（上野陽一訳『科学的管理法の原理』産業能率大学出版部，1969年）

占部都美編『経営学辞典』中央経済社，1980年。

Weber, M., "Soziologie der herrschaft," Wirtschaft und gesellschaft: Grundrib der verstehenden soziolgie, Johannes Winckelmann Hg., 5, Aufl., Tübingen: J. C. B. Mohr,

541-868.（世良晃志郎『支配の社会学Ⅰ』創文社，1960年）

山口裕幸「電子コミュニケーション・システムの導入が組織の創造的情報処理過程に与える影響」『電気通信普及財団研究調査報告書』15，2000年，72-79。

八代充史「個人選択型人事制度とファスト・トラック：企業内労働市場の多様化にどの様に対応するか」『関西経協』56(2)，2002年，16-19。

吉田寿『人を活かす組織が勝つ』日本経済新聞社，1999年。

第2章

フォロワーとは何か

近代的自由のもう一つの面は，個人にもたらされた孤独と無力とである。
——エーリッヒ・フロム『自由からの逃走』より

1 フォロワーは何に従うのか

1 **フォロワーとは誰を指すのか**

　そもそも，フォロワーとは何なのであろうか。また，誰を指しているのであ
ろうか。フォロワー（follower）という言葉を辞書で調べてみると，従者，随
行者，臣下，家来，部下，手下，学徒，信者，模倣者，追跡者といった日本語
訳のあることがわかる（小稲編，1980）。ここでは，特に企業などの労働組織を
対象として考えるため，さしずめ部下という訳語を当てはめるのが妥当であろ
う。確かに，部下をフォロワーとして捉えるのが，最もわかりやすいといえる。
しかし，近年のリーダーシップ論において，上司とリーダーを同義に捉えると
いう見方が支持されないように，部下とフォロワーも同義とはいえないのかも
しれない。上司とは地位上の格差がある状態で，上位を占める組織成員を指す
が，地位が上位だからといってリーダーであるとはいえないというのである。
そして同じことが，フォロワーにも当てはまるという。

　例えば Graham（1988）は，フォロワーと「部下（subordinate）」を明確に区
別している。従業員の組織に対する心理的関与を描写した，Kelman（1958）
の3類型（遵守，同一視，内在化）を応用した O'Reilly & Chatman（1986）を用
いて，次のような仮説を設定している。まず，「部下」というのは，特有の，

外的報酬を得るために組織に関与しようとすると考える。「部下」たちの関与の特徴は，道具的な遵守にあるというのである。しかし「フォロワー」は違う。同一視（所属に対する誇りが基礎にある），または，内在化（個人と組織の価値が一致していることが基礎にある）を理由に，心理的に組織と結びついているのが「フォロワー」だというのである。ここで，「部下」と「フォロワー」を峻別するのは，組織に対する心理的態度ということになる。組織内部で下位に位置づけられるという点では同じであるものの，組織に対する関与の質によって，「フォロワー」であるか否かが決まるというわけである。

　さて，組織内部においては，程度の差こそあれ，ほとんどの成員が下位に位置づけられる。トップ以外は全員といってもいいであろう。だとすれば，トップ以外は全員フォロワーといっていいのであろうか。また逆に，トップがフォロワーである場合はないのであろうか。以前，筆者がある大手電機メーカーの人事責任者にインタビューをしたとき，単刀直入に「フォロワーとは誰を指すか」と問うたことがある。その責任者は迷うことなく「課長以上だ」と即答した。多くの企業においても同様だろうと思うが，その企業においても，課長職がマネジメント層の末端に位置づけられるのだという。すなわち，課長になって初めて，経営サイドの一員として認められるというのである。また，このことは裏を返せば，課長未満の社員はフォロワーではないということにもなる。この責任者の回答からは，先のような心理的態度に関する言及は得られなかった。彼は，組織内部の階層上の位置および能力でフォロワーか否かを峻別していたのである。

２ フォロワーが従う対象は何か

　ここにまた新たな問いが浮かび上がる。フォロワーは何に従うのか，という問いである。この責任者の回答では，フォロワーと呼ばれるためには，マネジメントもしくは経営者に直接的に従うことのできる位置と能力が重要視されている。戦国時代でいうなら，まさに「直参」である。一般担当者レベルでは，経営に直接触れることは許されないということなのだろう。つまり，ここでの

フォロワーには経営，経営者もしくは経営層に従う者という意味が含まれているように思われる。従う対象は経営なのである。こうした考え方を拡張すれば，課長未満の社員でも，課長になれば，フォロワーとして認められるということになる。組織成員であれば，誰にでもフォロワーになる可能性があるわけである。そしてさらに組織内部は，リーダーとフォロワーで満たされるわけではないということでもある。リーダーでもフォロワーでもない成員が存在することを示しているのだといえる。Hollander & Webb（1955）もいうように，リーダーでない者をフォロワーと呼ぶわけではないのである。先の責任者の考え方では，課長に昇格できなければ，フォロワーにさえなれないことになる。

　ここまでみただけでも，いかにフォロワーを定義づけることが困難であるかわかるであろう。先の人事責任者の回答は，フォロワーについて考えるときに，従う対象が重要であることを教えてくれている。フォロワーはリーダーの対義語として捉えられることが多く，フォロワーシップ論においても，当然のようにリーダーとの関係性などから論じられる。しかしそもそも，我々は，リーダーや上司にのみ従って仕事をしているのであろうか。この問いかけも，避けては通れない。

　改めて辞書を紐解いてみることにしよう（小稲編，1980）。フォローとはどういう意味なのであろうか。従うという言葉を中心に拾ってみると，次のようになる。「方針・計画などに従う」「職業に従う」「指導者に従う」「先例・規則などに従う」「忠告などに従う」。これら訳語を見ただけでも，いかに従う対象の多いかがわかる。指導者は対象の一部に過ぎない。ただそうはいうものの，従う対象としての指導者の存在が大きいことも事実である。以前，アルバイトをしている大学生に，「『誰』もしくは『何』に従って仕事をしているか」と問うたことがある。そのときの調査結果を少しだけ紹介しておこう。その際の有効回答数は140であった。ほとんどの学生が飲食関係の店でアルバイトをしていた（76名）。その他は多い順に，スーパー（8名），アパレルショップ（7名），コンビニ（6名），塾・家庭教師（5名）などが続いた。「『誰』もしくは『何』に従って仕事をしているか（複数回答可）」という問いについての回答結果は図

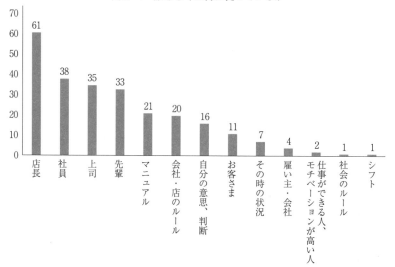

図2-1 誰もしくは何に従っているか

2-1の通りである。結果は，圧倒的に店長に従っているというものであった。しかし，その後に続く，社員，上司，先輩も，店長と同じく組織内の上位者であることを考えれば，概ねアルバイト学生は指導者に従って仕事をしているということになるであろう。それらを加算すれば実に全体の3分の2になる。ちなみに，なぜそれに従うのかについての回答結果は表2-1の通りであった。

　このようにフォロワーについて論じるとき，従う対象を明確にしておく必要があるのではないだろうか。上司やリーダーを対象とするのであれば，その点をまず明確にしたうえで論じるべきであろう。20世紀初頭に活躍した，政治学者であり経営学者でもあるメアリー・パーカー・フォレットは，1933年に行ったロンドン大学での講演のなかで，当時の看護婦たちについて次のように述べている。彼女たちは，自分たちより上位に位置する者の命令に単に服従するのではなく，専門職業の標準に従って仕事をする傾向にあるというのである。さらには，聡明なリーダーについて言及するなかで，リーダーもフォロワーもともに，両者にとっての共通目的に従うのだと述べている (Follet, 1949)。フォレットもまた，フォロワーがリーダーにのみ従う存在ではないことを，すでに

表2-1 なぜそれに従うのか

なぜ，それに従うのか	回答数
指示に従うことを前提に雇用されているので，上司に従うのは当然だから	43
報酬のため	29
顧客満足のため	21
達成感，能力の向上のため	20
経験，年数が上だから	18
尊敬・信頼	12
使命感・責任感	11
会社が店をよりよくするために考えたものだから	8
効率よくするため	8
店の売り上げへの貢献	7
バイトでは責任が取れないため	5
従っておけば間違いがなく自分に損がない	3
注意されるのが嫌	3

　20世紀の前半に気づいていたのである。このように考えると，先ほどの問いについての答えがみえてくる。トップはフォロワーか否かという問いである。フォレットの言葉を借りるならば，トップといえども，組織が掲げる目標に従うフォロワーであるということに変わりはないといえるのである。

　いずれにしても，フォロワーの従う対象があまりにも多様であるために，フォロワーを定義づけることが困難なのかもしれない。実際，企業などの組織に身をおく労働者は，様々な対象に従って働いている。その時々の状況や文脈に応じて，従う対象を変化させているのだといえる。例えば，ユニクロで働く男性労働者が，一人の「販売員」として顧客と接しているときは，顧客に従っているといえる。また，一人の「部下」として，上司と接しているときは上司に従っている。そして，一人のいわゆる「ユニクロ・マン」として働いていると自覚しているときは，会社の方針や理念に従っているといえるのである。これらのことは，従う対象が変化すれば，その個人の役割もそれに応じて変化することを表している。すなわち，その時々の従う対象に応じて，その成員の態度や振る舞いは変化するのである（Pfeffer & Salancik, 1975）。もしくは，その個人の

アイデンティティが変化するといってもいいのかもしれない。先の看護婦の例では，その成員には「職業人」としてのアイデンティティが発現していたと考えられる。

このように考えると，フォロワーは単なる「従業員」と同じでないのは明らかであろう（Uhl-Bien, Riggio, Lowe & Carsten, 2014）。さしずめ，組織の規則，作業手順やマニュアルのみに従う成員を「従業員」と呼ぶべきなのである。しかし，この捉え方も単純化され過ぎているのかもしれない。この男性労働者が顧客と接しているとき，販売員としてのみふるまっていると本当にいえるだろうか。もしかすると，ユニクロの販売員として，ユニクロの企業理念を意識しながら接客をしているかもしれないし，さらには，かつて受けた上司からの指導をも意識しながら行動しているかもしれないのである。このように考えると，我々個々人は，いつも様々な対象に同時に従って行動しているのだといえる。要は，その重みづけと顕現性の問題なのである。

それ故，従うべき対象間で葛藤が生じることもあろう。例えば，上司から与えられた指示命令が，組織目標を達成するうえで適切ではないと判断した場合，その労働者は，その上司の部下としてではなく，組織の人間として行動することを選ぶかもしれない。また，顧客の要望が，組織の接客マニュアルから逸脱していたとしても顧客の要望に従うことを選択する販売員もいるだろう。どちらのケースにおいても，多かれ少なかれその労働者はどちらの選択が，組織にとってより有益であるかを考えているはずである。つまり，労働者がある組織の成員であることを前提にした場合，特に，組織との利害が一致している場合には，その成員は組織に従い，組織に貢献するフォロワーであるといえるのではないか。

しかし，必ずしもそう言い切れないところもある。先ほどのフォレットが提示した例である。看護婦は上司ではなく，職業の標準に従っているということであった。このように，高度専門職に分類される職業，なかでも国家資格等によってその専門性が確立・保証されているような職業では，組織を包括的に従う対象として措定することはできないのかもしれない。まさに，人間の生死に

関わる職業としての医療・看護においては，その組織である病院は営利を目的としていない準公的な機関である。すなわち，そもそも病院組織の目的自体が，人間の健康を守るという公共的な目的を上位目的としているため，医師や看護師たちは，職業に従うことになるのであろう。それゆえ，彼ら・彼女らは，所属している病院の成員という以上に，一人の医師であり，看護師なのである。従って，万が一，組織の方針が職業標準に合致しないような場合には，相当なジレンマを抱え込むことになると思われる。こうした意味において，プロフェッショナル人材は，ダブルスタンダードのなかで行動することを強いられるといえよう。

3 フォロワーを定義づける

　考えてみれば，組織目標や理念，就業規則やマニュアル，上司や先輩など，これらはすべて組織を構成する要素である。職業標準でさえも，その一部といえなくもない。我々は，こうした様々な組織要素に従って働いているといえる。しかし，Graen & Schiemann（1978）もいうように，組織内の役割形成において最も影響力を有しているのは，直属の上司やリーダーである。すなわち，フォロワーにとって，上司やリーダーは組織における最重要他者であり，組織のエージェントなのだといえる。それ故，フォロワーが自らの役割を形成し，フォロワーとして存在するために，上司やリーダーは不可欠な存在なのである（Derue & Ashford, 2010）。そもそも，従うべき対象が多ければ，対処する負担もそれだけ大きくなってしまう。組織成員が専ら直属の上司に従うのは，情報処理負担の観点からも経済合理的であると同時に，上司が組織のエージェントとして，部下にとって最も機能的であるという点からも，その効果性は高いといえよう。従って，フォロワーとは「様々な組織要素によってその行動が規定される主体ではあるものの，主に上司やリーダーによって役割が形成され，その示す方向性や枠組を前提として組織に貢献しようとする成員」を指していると考えられる。

　ただし，第1章でも論じたように，現代のリーダーはフォロワーに対して組

織のエージェントとしての機能を十分に果たしているとはいえない。もしそうだとしたら，組織の示す方向性や枠組は，フォロワー自らが認知し，理解しなければならないということになる。フォロワーの定義は，リーダー中心の組織運営を前提にするか否かで異なってくる。従って，先ほど暫定的に示した定義は，リーダーを中心とした従来どおりの組織を前提にしているのだといえる。フォロワーを重視する組織は，フォレットに近い考えで運営されることになるため，これとは異なった定義になるだろう。

　いずれにしても，こうした捉え方はフォロワーを好意的に見すぎていると思われるかもしれない。Kellerman（2008）によれば，かつてフォロワーとは組織の下層に位置し，上司と比べて権限や影響力が劣る人たちのことであった。歴史を紐解けば，特にアメリカにおいてフォロワーは，このように「劣る人たち」というレッテルを貼られ続けてきた。Baker（2007）によれば，「活気のない，無力な大衆」というイメージを払拭することは難しく，フォロワーは長らく「羊」「受動的」「服従」「タビネズミ」そして「農奴」といった言葉で描写されてきたのである。しかし，Kelley（1992）以降，フォロワーのイメージは次第に変化し，そこに積極的な意味が付与されるようになってきた。例えば前述したように，Graham（1988）は組織に対する心理的関与度によって，部下とフォロワーを峻別する。すなわち，組織の目標を内在化し，組織を自らと同一視しているような成員こそがフォロワーだというのである。このように積極的な意味付与の傾向は，Chaleff（1995）においても同様であろう。もはやフォロワーは単に受動的に服従するだけの存在ではなくなっている。松谷（2010）のいうように，フォローするということは，組織に何らかの価値をもって，関与することを決めた状態であり，組織において，「フォロワー」モードに入ることを決めた状態なのである。確かに，フォロワーが組織にとって無益な存在であるならば，あえてフォロワーという呼称を用いて概念化する必要もない。近年の一連の研究は，フォロワーに光を当てることによって，組織の有効性を高めようとしているのである。

第**2**章　フォロワーとは何か

2　フォロワーはなぜ従うのか

　では，フォロワーはなぜ従うのであろうか。もしくはどうすれば従うのであろうか。同語反復ともとれるこの問いかけについて，ここで改めて考えてみたい。前章では，リーダーが支配することのできる根拠について考えた。その際，フォロワーが支配自体の根拠は認めたとしても，支配を実行するリーダーを認めるか否かは別の問題であることについて論じた。フォロワーがリーダーの支配を受容するのはどういった場合なのであろうか。

⬜1️⃣　社会的勢力論

　社会的影響に関する研究において，社会的勢力という概念の用いられることがある。今井（1987）によれば，社会的勢力とは，「自分（影響者）の望むように他者（被影響者）の意見・態度・行動を変化させることのできる能力」（164頁）である。そして，この社会的勢力の基礎となる要素があるために，フォロワーはリーダーに従うのだと考えられる。French & Raven（1959）によれば，社会的勢力の基盤には5種類ある。強制勢力，報酬勢力，正当勢力，専門勢力，そして参照勢力である。まず強制勢力とは，フォロワーがリーダーの要求に従わない場合に，罰を与えられるであろうというフォロワーの認知に基づいている。それゆえ，フォロワーが従うのは，リーダーによって監視されている間だけだと考えられている。報酬勢力は，リーダーが報酬の有無や程度を左右する能力を有しているというフォロワーの認知に基づいて成立する。リーダーが評価権限を有していて，フォロワーが昇給や昇進を望んでいる場合には，フォロワーは従うことになる。しかし，この勢力は内面化されないため，フォロワーが従うのは，自らが望んでいるときに報酬が与えられている間だけになる。次に，正当勢力とは，リーダーがフォロワーに対して影響を及ぼす正当な権利をもち，自分はこの影響を受け入れる義務を負っている，という価値観がフォロワーのなかに内在化されている場合に生じる。前章でも述べたように，組織に

41

は服務規程が定められている。また，リーダーは組織の定めた制度およびルールに基づいて選抜されている。もし，フォロワーがこうした規範的価値を内在化させていれば，リーダーに従うことになる。専門勢力は，リーダーの有する特定の技術や知識が専門的に優れているというフォロワーの認知によって生じる。最後に，参照勢力とは，リーダーに対するフォロワーの同一視を基盤としている。フォロワーがリーダーに憧れ，このような人物になりたいと考えていれば，フォロワーはリーダーに従うのである。この場合フォロワーはリーダーに対して内面的に傾倒しているので，持続的に従う可能性がある。

　このようにみてみると，賞罰を意識して従う場合は，外発的で功利的な態度であると考えられるため，持続性は望めないし，フォロワーの精神的健康にもあまり良い影響を与えないように思われる。また，正当性を根拠として従っている場合は，それが価値として内在化していたとしても，真に内発的とは言い難いため，義務感を生じさせ，やはりフォロワーの精神的健康にはあまり良い影響を与えないのではないだろうか。これらに比べると，専門勢力や参照勢力に基づいて従っている場合は，そのフォロワーが心から，つまり内発的に従っていると考えられるため，こうした態度は最も持続性があるだろうし，フォロワーの精神的健康にも良い影響を与えるように思われる。フォロワーとしては，同じ従うにしても，自らが成長できると感じたり，一緒に働いていて楽しいと感じることが重要なのであろう。これら五つの要素における順序は，態度の積極性に従っているように思われる。強制勢力は最も他律的で消極的な態度をもたらすが，参照勢力は逆に最も自律的で積極的な態度をもたらす。すなわち後になるほど，フォロワーに対して自らで従うという態度をもたらしているのである。

［2］　フォロワーが従う根拠

　以上のように，フォロワーが従う場合の根拠は様々である。しかし，そもそもフォロワーは従いたいという欲求を有しているのであろうか。世に名高い服従実験を行ったミルグラムによれば，児童発達の研究者は昔から，社会関係は

第2章　フォロワーとは何か

権威の指示を認識して従うことから始まると考えていた（Milgram, 1974）。確かに我々人間は，他の動物と異なり，かなり未熟な状態で生まれてくる。従って，長期間にわたり，母親など自らを守ってくれる養育者のもとで暮らさなければならない。無力な子どもが生きていくためには，自分より有能で知識が豊富な養育者に依存するしかない。権威の指示に従うしか選択の余地はないのである。しかし，権威の指示を認識できるのはかなり後のことではないのか。確かに，客観的には従っているようにみえるかもしれないが，そこに認識や判断はまだ介在していないであろう。この点について，近年の大発見とまでいわれるミラーニューロン研究を参考に考えてみよう。

　ミラーニューロン研究の第一人者ともいえるイアコボーニによれば，他人をきわめて微妙なところまで鋭敏に理解することを可能にする細胞群を，ミラーニューロンという。彼らの発見によるとミラーニューロンは，自らが行動する場合だけでなく，他人の行動を見たときにも発火する。つまり，他人の行動を見たときにも必ず，脳内でその行動に必要な運動計画が常に開始されるというのである。しかもそれは，自らの意思には関わりなくである。またこのことは，行動に関連する音や行動に関する単語を聞いただけでも同様である。「自分でサッカーボールを蹴ったときにも，ボールを蹴られるのを見たときにも，ボールが蹴られる音を聞いたときにも，果ては『蹴る』という単語を発したり聞いたりしただけでも」（邦訳，22頁），ミラーニューロンは同じように発火するのである。

　ではこうしたミラーニューロンはどのようにして形成されるのであろうか。イアコボーニの仮説によれば，それは乳幼児期における母子間での相互作用によって形成される。赤ん坊に対面している母親は，赤ん坊の表情や行動を模倣する。模倣された赤ん坊は，母親の表情のなかに，自らの表情を見てとる。このような相互作用が繰り返されることによって，赤ん坊の脳内にミラーニューロンが形成されると彼は考えている。赤ん坊もまた，母親の表情を模倣することを覚えるようになる，というよりも，無意識のうちにミラーニューロンの発火によって，模倣が生じるようになるのである（Iacoboni, 2008）。もしこの仮

43

説が正しいのであれば，我々は無意識のうちに模倣者として人生を開始する。その際には当然，思考も判断も働いていない。ミラーニューロンが作用しているだけである。すなわち，我々は従うことからその生をスタートする。そして，ミラーニューロンの存在は，我々が従いあう存在であり続けることを示唆している。

　以前筆者は，自己のなかに存在する二つの「我」について言及した（松山，2014）。「行為する我」と「観る我」である。生まれてから，ある程度の期間は，その個人のなかには行為する我しか存在しない。先ほどのミラーニューロンが作用しているのであれば，我々は無意識に他者を模倣して行動することができる。この点については，第4章で改めて論じるが，こうした意味においては，行為する我というよりは，「従う我」と表現した方が適切であるように思われる。そして母子一体の関係性のなかで，いわゆる自我意識はまだ芽生えていない（土居，1971）。行動していることは事実であるが，そこに判断や選択はない。しかし，第一反抗期と呼ばれる時期が訪れると，次第に意識が芽生えてくる。「観る我」が生じてくるのである。母子一体の状態から子どもが抜け出そうとすることによって，それまでの母親の役割が子どものなかに内在化し始めるのであろうか。母親の意に反抗するということは，環境に対する異なる対処法，すなわち別の選択肢を見出した証である。ここに意識の契機がみてとれる。それまで一体化していた母親を否定することによって，子どもは独立への一歩を踏み出す。異なる人間としての自覚をもち始める。このような状態において，もし，それでもなお母親に従うようなことがあれば，それでこそ真に従っているのである。自覚的に従っているのである。すなわち，従うという意識的行為は，従わないという選択肢があって初めて成立するのだといえる。従わないという選択肢は，母子が分離しなければ生じてこない。自我の確立はある意味，母親のような重要他者を否定する可能性によって担保されている。いずれにしても，このように従うと一口にいっても，二種類あるということがみてとれる。つまり，無自覚で消極的な「従う」と自覚的で積極的な「従う」である。

　もし，反抗期に生じてくる意識が自己性を帯びているとするなら，それ以前

の状態は他者性を帯びているといえる。我々がこの世に生を受けるとき，すでに心臓は脈打ち，内臓を初めとする様々な器官は自律的に活動している。後に生じてくる意識によっても，それらは制御されない。そして，前述したように，行動統制も母親という他者に委ねられている。我々の生は，他者によって統御された状態から開始する。他者性を帯びた状態からスタートするのである。もしこれが我々の原型的心性なのだとしたら，その後も他者による統御を受け入れる素地は十分にあるし，むしろそれを求める欲求も相当程度あると考えられる。それ故，母親や父親のような重要他者が現れたときに，我々は従属してしまうのかもしれない。Freud（1921）は，それを服従への願望と呼び，本能的従属とまでいう。

　もちろん，我々は自律性欲求も有している。しかし，自らで考え，判断し，意思決定することには，負担が伴うことも事実である。他者に従えば，そうした負担を背負わずにすむ。また，責任を負う必要もない。McGregor（1960）がX理論で示した人間仮説は，労働者の心理を半分は言い当てているのである。組織に参入したばかりの新人は，幼子同然である。新しい世界では，その世界で流通している言葉を学び，行動様式を身につけることから始めなくてはならない。自らがこの世界では何者で，何をすべきかもわからない。その不安に苛まれている新人にとって，直属の上司は極めて重要な他者として現れる。その他者に依存するのはやむを得ないともいえる。このように個人を発達史的に捉えると，我々は親からの独立を求め，自律性を獲得する過程で，また新たな誕生を迎えるということなのであろう。そして，組織人として産声をあげたその個人は，また，他者性を帯びた状態から，組織人としての生を開始する。しかし，以前と異なるのは，組織人としての自我はまだ芽生えていないものの，人間としての自我は確立されつつあるという点である。そこで，自己性と他者性のせめぎ合いが生じる。そういう意味では，組織人として他者性を受容することができるか否かは重要な問題とはいえ，これまで述べたように他律的状態が原型であることを考えれば，それほど困難なことでもないといえるのである。

[3] 自由からの逃走

　子が母からの独立を求め，自由を得ようとするのと同様に，我々人類は，我々を取り巻く大きな存在からの束縛を逃れ様々な自由を獲得してきた。科学の進歩は自然による束縛からの自由を，民主的な政治制度は階級や身分による束縛からの自由をもたらした。特に西洋においては，それが個の進展へと結びつき，近代的自我を誕生させた。何からも束縛を受けない，自由な個人である。しかし，個人となればなるほど，孤独や不安がまし，無力さと無意味さに苛まれることになったと Fromm（1941）はいう。おびえた個人は，自分をだれかと，あるいはなにものかと結びつけようとする。さもなければ，自分自身をもちこたえることができないのである。ついには自分自身から逃れようとするあまり，自己を取り除くことによって，再び安定感を得ようとする。この点については，ホーソンリサーチを主導した Mayo（1945）も指摘しているところである。当時のアメリカでも，一次的絆を失った多くの労働者たちが，精神的不安を抱えていると彼はみていた。そこで人間関係と所属感を与える場所として，産業組織もしくはその内部にある職場を想定していたのである。「帰属の預言者」と呼ばれる所以である（Whyte, 1956）。フロムによれば，権威主義的性格の強い人間は，自由を束縛するものを愛し，外部的権威などを主人とすることを好む。そして，決断することから解放されるというのである。もちろん，自我を喪失することだけが安定への道ではない。生産的な仕事の自発性のなかで外界と結ばれることによって，安定を得ることも可能である。しかし，このような積極的自由を求めるのではなく，ただ消極的自由から逃れようとする人間が多いこともまた事実なのである。

　ミルグラムの服従実験によれば，実験参加者の多くが権威に服従した。個人主義が最も強いとされるアメリカ（Hofstede, 2010）において実施されたにもかかわらず，そうだったのである。実験参加者の多くは実験者による指示が間違っていると思っても，従ったという。ミルグラムによれば，実験参加者たちは自らの意思で自発的に実験に参加した。それゆえそこに，約束感や義務感が生まれたのだという。自らが作り出した義務感に参加者たちは縛られてしまった。

もちろん，途中で実験を中止した参加者もいた。しかし多くは，中止を願い出ながらも最後までやり通すか，中止を願い出ることもなくやり遂げたのである（Milgram, 1974）。たとえジレンマを感じていたとしても，最悪のケースが想定されたにもかかわらず実験を継続したということは，自らの判断機能を権威に譲り渡したことを意味している。

フロムによれば，こうした人間は，たとえ内面化された良心であろうとも，それを主人とすることによって，決断するということから逃れようとする（Fromm, 1941）。一見，良心に従うことは間違っていないように思われる。しかし，従う我のなかで自動化装置として形成された良心を作動するままにしているということは，観る我が機能していないということであり，確かにそこに決断はない。ミルグラムは，個人がある権威領域に入り，ヒエラルキーに統合されてしまうと，それ以前とは別の状態に入るという。そして，この状態を「エージェント状態」と呼んでいる（Milgram, 1974）。同様にフロムは，このような状態にある人間を「自動人形」と呼ぶ（Fromm, 1941）。まさに Milgram（1974）が述べるように，「服従の本質というのは，人が自分を別の人間の願望実行の道具として考えるようになり，したがって自分の行動に責任をとらなくていいと考えるようになる点にある」（邦訳，10頁）のだ。

このように我々はいとも簡単に権威に服従してしまう。それは，我々が他律的な生からスタートすること，そして自由が大いなるものとの一体性を喪失させ，その個人に不安をもたらすからなのかもしれない。もちろん，依存性も重要である。ミルグラムもいうように，服従能力がなければ，社会組織は形成されないし，協働は不可能となろう。要は，我々の基本的心性を理解しておくことが重要なのである。それがなければ，フォロワーを理解したことにはならないだろうし，望ましいフォロワーシップへの道筋を示すこともできまい。

3　フォロワー観の変遷

では次に，これまでのフォロワー観を振り返ってみることにしよう。フォロ

ワーシップ論はケリーによって開花したと考えられるものの，それ以前にもフォロワーやフォロワーシップについて議論されてはいた。ここでは，Baker（2007）による論考を参考に，英米におけるフォロワー観の変遷あるいは，英米においてフォロワーがどのように捉えられてきたのかについて，その歴史を振り返ってみたい。

Baker（2007）によれば，いくつかの例外はあるものの，1980年代になるまでは，マネジメントに関する文献において，フォロワーという用語は用いられなかった。すなわち，フォロワーシップ論の歴史は極めて浅いということになる。そもそも前述したとおり，マネジメント論やリーダーシップ論において，フォロワーや部下に対して関心が示されるようになったのは最近のことである。フォロワーは看過される存在に過ぎなかった。

しかし，例外的な視点を有した研究者もいた。それが，前述したフォレットである。フォレットは1930年代においてすでに，フォロワーの重要性について気づいていた。彼女はこのように述べている。「これまでほとんど考察されたことのないこと（中略）それは，指揮の状況における部下の役割である。部下の役割は，たんに従うことのみにあるのではない。彼らは非常に積極的な役割を果たさなければならない。それは指揮者に状況の管理を継続させることである」（邦訳，109頁）と。

フォレットは特にフォロワーシップ論を展開しようとしていたわけではないが，当時から，組織において上位を占める成員が，下位を占める成員に対して意見を求め，指示を仰ぐといった現象に注目していた。彼女の鋭い視点は度々，こうした組織内部の上下関係に向けられた。そして彼女は，指示をする成員が上で，受ける成員が下にあるという一般的信念に疑問を投げかけ，従属しているという感情や他人の意のままになることに対する嫌悪について言及している。

従ってフォレットにすれば，フォロワーとしての望ましい態度は次のようになる。すなわち「命令受領の場合に最も望ましい態度は，知的な吟味，変更を提案する意欲，提案方法の丁重さ，そしてまた，同時に指令されたことに偏見をもたないこと，ならびにもし指令された方法に対して確信をもって反対の理

由を示し得ないならば，その指令はおそらくは最善の方法であるとする態度」（邦訳，50頁）ということになるのである。しかし，これはあくまでも有能なフォロワーを想定しての態度である。平松（2008）もいうように，リーダーとフォロワーの間には，情報や知識における格差の存在する場合が多い。従って，フォロワーがリーダーと同じように，環境を認識し理解していると思うのは危険である。この点に関して，フォレットがどの程度関心を抱いていたのかはわからない。いずれにしても，1930年代にこれほどまでにフォロワーについて言及している論考は，極めて珍しいのではないかと思われる。

　ちなみにこの時期，近代管理論の父と呼ばれるバーナードも，同様の視点でフォロワーを捉えていた。いわゆる権限受容説である（Barnard, 1938）。バーナードは次のようにいう。「もし命令的な伝達がその受令者に受け入れられるならば，その人に対する伝達の権威が確認あるいは確定される。それは行為の基礎と認められる。かかる伝達の不服従は，彼に対する伝達の権威の否定である。それゆえこの定義では，一つの命令が権威をもつかどうかの意思決定は受令者の側にあり，『権威者』すなわち発令者の側にあるのではない」（邦訳，171頁）。リーダーが命令を下すだけでは，そのリーダーに権限があるとはいえないということであり，リーダーの権限はフォロワーに依存しているということなのである。このように，フォロワーを重視する視点はフォレットに近いといえるのではあるが，命令と権限に対する考え方において，フォレットはバーナードと意見を異にするようである。まずフォレットは，権限は誰かに授与することができないとする。そして，命令については，次のように述べている。すなわち「命令は同意によってその妥当性を得るものだと考えることは誤りである」（邦訳，67頁）と。表現こそ異なるものの，バーナードの意図するところが，フォレットのこの言説と対立していることは間違いないであろう。この点については，次章で改めて検討してみたい。

　さて，Baker（2007）によれば，フォロワーに対するフォレットのような視点は，第二次世界大戦を取り巻く環境のなかで失われてしまった。敵を倒すという至上命題のなかで，階層的かつ権威的な構造が受け入れられる時代となり，

リーダーにばかり注目が集まるようになったためである。それは，ルーズベルトやチャーチル，スターリンそしてヒトラーたちによって具体化されていたとベーカーはいう。そして戦争が終わっても，アメリカにおいては黄金時代が幕を開け，経済的リーダーとなったアメリカは世界中の賞賛の的となっていった。アメリカが経済支配を確立するにつれて，企業は従業員に対して，彼らが示す忠誠心や服従そしてハードワークと引き換えに，長期雇用の保証を約束した。経済状況が安定している間は，フォロワーへの要求はそれ以上何もなかったし，リーダーとフォロワーの関係性を試す必要はなかった。フォロワーではなく，リーダーの行為こそが企業の成功にとって重要であったとベーカーはいう。

　しかし，1980年代になると様相が一変する。グローバル経済の到来，技術の進歩，アメリカ人労働力の変化などが企業システムに対してプレッシャーをかけ始めた。また，これらのプレッシャーは1980年代から1990年代にかけて頻発した，乗っ取りとダウンサイジングの流行を生み出すことになったのである。企業の組織構造はフラットになり，権力と責任は幅広くフォロワーに委譲されるようになった。リーダーはフォロワーにより多くのイニシアチブとリスクテークを期待した。しかし，全知のリーダーと服従的で受動的なフォロワーというモデルがあまりに定着していたため，部下たちは積極的フォロワーという新しい役割を受け入れることができなかった。実際のところフォロワーたちは，トレーニングも支援もない状況で，責任だけが大きくなることを，避けるべきリスクとして捉えていたようである。1980年代および1990年代のダウンサイジング・トレンドから生じた心理的契約の終焉と組織圧力を，リーダーとの間にパートナーシップを築くことによって，新しい心理的契約を形成するよい機会とみた人たちもいた。にもかかわらず，「活気のない，無力な大衆」というフォロワーのイメージが変化するのは遅かったのである（Baker, 2007）。リーダーシップを強調するあまり，意図せぬ結果として，リーダーに対するフォロワーの影響力が大きく無視されてきたのである（Oc & Bashshur, 2013）。

　フォロワーが存在し，リーダーに対して何らかの働きかけがある以上，そこにはフォロワーシップ論が成立するはずである。しかし，フォロワーとフォロ

第2章 フォロワーとは何か

ワーシップが注目を得るためには，積極的なフォロワーというイメージが必要だったのであろう。恐らくその先駆けとなったのが，Hollander & Webb (1955) である。リーダーとフォロワーを一元的に捉えることに反対し，フォロワーシップは必ずしもリーダーシップがないことを意味しないとした。そして，複雑で階層的な制度の性質のために，優秀なフォロワーは優秀なリーダーでもあるとして，積極的なフォロワーについて論じたのである。確かに旧態依然とした受動的フォロワーのイメージでは，フォロワーに対する注目は集まらないであろう。しかし，Url-Bien *et al.* (2014) もいうように，フォロワーシップは，リーダーから影響力を与えられることを自らに許すことをも含んでいる。従って，積極的側面ばかりを強調し，受動的側面を否定することも誤りである。ただ，このプロセスは本来，客観的には受動的に見えるものの，主観的には能動的であるともいえるため，さらなる議論が必要といえる。こうしたフォロワーの二重性については，機会を改めて考えてみたい。

参考文献

Baker, S. D., "Followership: The theoretical foundation of a contemporary construct," *Journal of Leadership & Organizational Studies*, 14(1), 2007, 50-60.

Barnard, C. I., *The Functions of the Executive*, Harvard University Press, 1938. （山本安次郎・田杉競・飯野春樹訳『経営者の役割』ダイヤモンド社，1968年）

Chaleff, I., *The courageous follower: Standing up to and for our leaders*, Barrett-Koehler Publishers, Inc., 1995. （野中香方子訳『ザ・フォロワーシップ』ダイヤモンド社，2009年）

Derue, D. S. & Ashford, S. J., "Who will lead and who will follow? A social process of leadership identity construction in organizations," *Academy of Management Review*, 35(4), 2010, 627-647.

土居健郎『「甘え」の構造』弘文堂，1971年。

Follet, M. P., *Freedom & co-ordination: lectures in business organization*, Management Publications Trust, 1949. （斎藤守生訳『フォレット　経営管理の基礎：自由と調整』ダイヤモンド社，1964年）

French, J. R. P. Jr. & Raven, B. H., "The bases of social power," D. Cartwright. ed., *Studies in social power*, Institute for Social Research, 1959. （三隅二不二・佐々木薫編訳『グル

ープ・ダイナミックスⅡ　社会的勢力』誠信書房，1970年，727-748。）

Freud, S., *Massenpsychologie und Ich-Analyse*, Intercultural Press, 1921.（小此木啓吾訳「集団心理学と自我の分析」井村恒朗・小此木啓吾他『フロイト著作集　第六巻』人文書院，1970年，195-253）

Fromm, E., *Escape from freedom*, Rinehart, 1941.（日高六郎訳『自由からの逃走』東京創元社，1965年）

Graen, G. & Schiemann, W., "Leader-member agreement: a vertical dyad linkage approach," *Journal of Applied Psychology*, 63, 1978, 206-212.

Graham, J. W., "Chapter 3 commentary: Transformational leadership: Fostering follower autonomy, not automatic followership," Hunt, J. G., Baliga, B. R., Dachler, H. P. & C. A. Schriesheim eds., *Emerging leadership vistas*, Lexington Books, 1988, 73-79.

Hofstede, G., Hofstede, G. J. & M. Minkov, *Cultures and organizations: Software of the mind, 3rd ed.*, McGraw-Hill, 2010.（岩井八郎・岩井紀子訳『多文化世界〔原書第3版〕』有斐閣，2013年）

Hollander, E. P. & Webb. W. B., "Leadership, followership, and friendship: An analysis of peer nominations," *Journal of Abnormal and Social Psychology*, 50, 163-167.

平松琢弥「リーダーシップは誰のものか：リーダーの影響力とフォロワーの共感力」『文学部論叢』99，2008年，47-71。

Iacoboni, M., *Mirroring People: The new science of how we connect with others*, Farrar, Straus and Giroux, 2008.（塩原通緒訳『ミラーニューロンの発見：「物まね細胞」が明かす驚きの脳科学』早川書房，2009年）

今井芳昭「影響者が保持する社会的勢力の認知と被影響の認知・影響者に対する満足度との関係」『実験社会心理学研究』26(2)，1987年，163-173。

Kellerman, B., *Followership: How followers are creating change and changing leaders*, Harvard Business Press, 2008.

Kelley, R. E., *The power of followership*, Doubleday, 1992.（牧野昇監訳『指導力革命：リーダーシップからフォロワーシップへ』プレジデント社，1993年）

Kelman, H. C., "Compliance, identification, and internalization: three processes of attitude change," *Journal of Conflict Resolution*, 2, 1958, 51-60.

小稲義男編『研究社　新英和大辞典　第5版』研究社，1980年。

McGregor, D., *The Human Side of Enterprise*, McGraw-Hill Inc., 1960.（高橋達男訳『企業の人間的側面（新版）』産能大学出版部，1970年）

松谷葉子「フォロワーシップの再構築：フォロワーの哲学を目指して」『経営哲学』7(1)，2010年，168-175。

松山一紀『日本人労働者の帰属意識』ミネルヴァ書房，2014年。

Mayo, E., *The social problems of an industrial civilization*, Harvard University Press, 1945.（藤田敬三・名和統一訳『アメリカ文明と労働』大阪商科大学経済研究会，1951年）

Milgram, S., *Obedience to Authority: An experimental view*, Harper & Low, 1974.（山形浩生訳『服従の心理』河出書房，2012年）

Oc, B. & Bashshur, M. R., "Followership, leadership and social influence," *The Leadership Quarterly*, 24, 2013, 919-934.

O'Reilly, C. & Chatman, J., "Organizational commitment and psychological attachment: The effects of compliance, identification, and internalization, on prosocial behavior," *Journal of Applied Psychology*, 71, 1986, 492-499.

Pfeffer, J. & Salancik, G. R., "Determinants of supervisory behavior: A role set analysis," *Human Relations*, 28(2), 1975, 139-154.

Uhl-Bien, M., Riggio R. E., Lowe, K. B. & M. K. Carsten, "Followership theory: A review and research agenda," *The Leadership Quarterly*, 25, 2014, 83-104.

Whyte, W. H., *The Organization Man*, Simon and Schuster, Inc. 1956.（岡部慶三・藤永保訳『組織のなかの人間　上』東京創元社，1959年）

第3章

フォロワーシップとは何か

私は，この上および下という言葉をまったく好みません
—— ある英国人社長の言葉：『フォレット　経営管理の基礎』より

1　フォロワー重視の流れがフォロワーシップ論を生んだ

　第1章でみたように，近代以降，労働者（＝フォロワー）の地位は時代とともに向上してきた。では，学術の世界でも同様のことがいえるだろうか。本章では，経営学，特にリーダーシップ論において，フォロワー重視の傾向が強まってきたことを明らかにする。前述したように，第二次世界大戦前にはフォロワー重視の視点がすでに存在していた。そこでまず，経営学の古典においてフォロワーがどのように捉えられていたのかについて，みていきたい。取り上げる研究者はバーナード，サイモン，そしてフォレットである。

1　古典に学ぶ

① Barnard, C. I., *The Functions of Executive*, 1938

　前述したように，1930年代頃の英米ではすでにフォロワー重視の視点が存在していた。それを端的に表しているのが，バーナードのいわゆる権限もしくは権威受容説であろう（Barnard, 1938）。命令は下されるだけで効力をもつわけではない。命令が権威をもつためには，あくまでもフォロワーがそれを受け入れなくてはならない。すなわち，命令が権威をもつかどうかは，リーダーではなくフォロワーに依存するというのである。一見この視点は，フォロワーの主

55

体性を前提としているようにみえる。なぜなら，フォロワーに命令受容の選択権が認められているからである。しかし，バーナードの議論は若干一貫性を欠いている。バーナードは協働の重要性を説くなかで，組織における個人に対して人格的行動の放棄および人格的行為の非人格化を求める。それなしに活動は調整されないというのである。個人は，自らの行動の人格的統制を放棄することになる。だとすれば，命令を受容するのは誰なのか。バーナードはさらに，組織のすべての参加者は，組織人格と個人人格という，二つの人格を有するとも述べる。筆者の理解では，組織人格こそが，非人格的行為体系に組み込まれた人格であり，そのときすでにその人格は組織によって統制されている。だとすれば，命令は受容されて当然ではないのか。組織人格が命令を受容したとしても，そもそもそこには選択の余地などなく，個人の視点からみれば，それは盲目的服従と同義ではないのか。この場合，フォロワーに主体性は認められているのだろうか。

　松山（2014）で論じた，心理的二重性の枠組みを用いて考えるなら，バーナードのいう組織人格は他者性のみを帯びている。それゆえ，フォロワーとしての主体性が認められているとは考えられないのだが，どうやらそうでもないのである。なぜならバーナードは，実行可能な行為命令を三つのグループに分類したうえで，受け入れられない命令や，中立線上にある命令があることを明らかにしているからである。やはり，フォロワーは命令を拒否する選択権を有しているのである。ここに自己性の発揮される余地がある。バーナードは組織人格を，自己性と他者性が統合された人格としては捉えていなかった。そのために整合性を欠いた議論になってしまったのではないだろうか。

②Simon, H. A., *Administrative Behavior*, 1997

　次にバーナードの継承者として知られるサイモンを取り上げよう。Simon（1997）によれば，リーダーあるいは上司は単なるバスの運転手である。乗客たちは自分たちが行きたいと思っているところに連れて行ってもらえないのであれば，バスを降りる。フォロワーは，自分たちが進むべき道について，ほんのわずかの裁量しかリーダーに与えていないとサイモンはいう。この点につい

ては，すでに本書においても述べてきたとおりであり，サイモンも早くから，リーダーの指導性については疑問を感じていたようである。

　ただサイモンの議論もかなり難解である。彼は，兵士を例にとって次のようにいう。命令に服従している兵士は服従の哲学について熟考しているわけではないと。では，どうやって兵士は命令に服従するのか。それは，「彼が自らの選択を命令に素早く反応させるような行動のルールを自分自身に設定する」（原著，p. 125）ことによってである。確かに，組織で行動する成員が，リーダーや上司からの指示について常に深く考えているかというとそんなことはない。サイモンもいうように，多くの行動は習慣的か反射的である。ましてや命の危険と隣り合わせにいる兵士が，上官の指示にあれこれと考えを巡らせるのは，自殺行為であろう。兵士は，なにがしかの指示があったときには，反射的にそれに見合った行動が生じるようなルールを，事前に自らに設定しておくのである。すなわち，こうしたルールを設定するのはフォロワー自身であり，ここに，フォロワーの主体性が認められる。

　上官の命令に服従している兵士は，一見すると受動的に黙従しているだけのようにみえるが，実は，自らの「行為する我」が自動的に反応するようなルールを，「観る我」が事前に設定しているということなのである。兵士は軍隊に加入して，しばらくの間は他者性を受容することから始める。「行為する我」が自動的に反応するようなルールは，他者性と自己性が統合されていくなかで形成されるのではなかろうか。ただ，ルールという表現には若干違和感を覚える。自動的に反応するようなルールなどあるのだろうか。ルールを適用する際には，なにがしかの判断が働くはずである。この場合は，一種の心理機制が形成されると考えた方がよくはないだろうか。しかもこの心理機制は無意識的に機能する。「右向け右」と指示されたときに，兵士の体は反射的に動くのである。判断は必要ない。繰り返しになるが，いずれにしてもこの議論のユニークな点は，一見黙従しているようにみえる一連の行動が，実はフォロワー自身によって形成された，もしくは形成されることを許容した結果としての心理機制によるものであることを明らかにしている点であろう。フォロワーは全くの自

動人形ではないのである。

　サイモンによれば，服従とは選択の放棄である。この兵士の場合，客観的には選択はしていないので服従していると考えられる。しかし，繰り返し述べてきたように，ここにフォロワーの主体性がないかというと，そうではないだろう。だとすれば，バーナードの議論において取り上げたフォロワーの選択権は，フォロワーの主体性を判断する唯一の基準というわけでもなさそうである。ただ，その心理機制を形成するか否か，もしくはそれを許容するか否かについての選択は，やはりフォロワーに委ねられている。要は選択の次元の問題なのかもしれない。この点についてサイモンは何も触れていない。

　さて，フォロワーは特に別の選択肢が自身にない場合に，命令を受容するとサイモンは考える。このような受容圏がそれぞれのフォロワーには存在するようである。先ほど取り上げた兵士の心理機制もこの中に含まれると考えてよいであろう。なお，サイモンの受容圏は，バーナードの「無関心圏」を発展させた概念である。こうした受容圏内でフォロワーは，代替的選択肢を選ぶための批判能力を保留にする。受容圏内の命令に対してフォロワーは反射的に行動する。従って，組織・個人双方にとって，とても効率的である。以前，ある大手機械メーカーの管理責任者が，大変興味深いことをいっていたことを思い出す。彼は，上司の命令に対して自身が4割以上納得すれば，あまり深く考えずに受け入れるというのである。彼はこうしたルールを自らに設定していることになる。時間のない中間管理職にとって，反応的に行動できる受容圏を確立しておくことは，より多くの業務を効率的に遂行するうえで必要なのであろう。

　先述したようにサイモンも，「部下は自身の明確な選択がないときに命令を受容する」（邦訳，283頁）と述べており，先の管理責任者の例でいうなら，4割未満の納得性しかない場合には，受容しないという選択の可能性があるのだといえる。こうした命令は，バーナードのいう，受け入れられない命令や中立線上の命令に当てはまると考えてよいであろう。このように，サイモンはフォロワーの主体性を相当程度認めている。そして，権限については，バーナードと同様に，部下による受容を基礎としている。確かに，この考えはフォロワー

の主体性を尊重する姿勢を現してはいるものの，依然として，権限が命令する者とされる者といった区別から生じることを前提としている。また，この前提は権限が本来は命令する者に備わっていることをも暗に示している。このような考え方に真っ向から反対するのがフォレットである。

③ Follet, M. P., *Freedom & co-ordination*, 1949

Follet（1949）によれば，権限*は職務あるいは機能に属する。従って権限は委譲されないとフォレットは考える。フォレットの経営論も難解を極めてはいるものの，筆者の理解では，フォレットによれば，経営は様々な過程によって織りなされている。それは経営のそれぞれの地点で，一つの情況となって立ち現れる。そして職務や機能は情況における重要な要素である。もちろん，その背後には組織の目的が存在している。それゆえ，命令が同意によって妥当性を得るものだと考えるのは誤りだと彼女はいう。「命令は，同意を得るよりはるか以前に，命令授与者と命令受領者とがともに貢献してきた全体過程から，その妥当性を得るのであ」（邦訳，67頁）り，「リーダーとフォロワーはともに見えないリーダー，すなわち共通の目的に従うのである」（原著，55頁）。

　＊　原著ではすべて authority であるが，Barnard（1938）では権威，Simon（1997）では権限，そして Follet（1949）でも権限と訳されているため，それぞれの邦訳に合わせた。日本語において権威と権限を同義に捉えることには問題があると思われるが，ここでは深く立ち入らないことにする。

権限がだれかに授与することのできないもので，職務に内在する権力であるならば，命令は職務から，そして情況から発せられることになる。さらに，職務が知識と経験によって裏づけられるのであれば，服従はこの知識と経験とに対して行われるべきなのである。従ってフォレットがいうように，知識と経験とがあるところに情況の中心人物は存在することになる。フォレットは，情況の法則を発見することを，命令の非人間化と呼ぶ。情況は様々な相互作用と関連性によって織りなされている。組織の成員は，その様々な諸関係を全体状況のなかに見出すべきであるとフォレットはいう。そして，こうした関連のなかから命令を見出さなければならないのである。すなわち，フォレットにとって，

命令はリーダーによって発せられるものではなく，フォロワーによって見出されるべきものなのだといえる。ここにリーダーの居場所はない。必要なのは情況に従うフォロワーだけのように思われる。とはいえ，フォレットも管理者やリーダーが不要とまではいわない。リーダーには情況を管理するという重要な役割があるのである。そして，フォロワーにはリーダーに情況の管理を継続させる，という役割を果たすことが求められる。こうした意味において，フォレットの管理思想は民主的で平等主義的な側面が強いものの，フォロワーにとっては厳しい面もある。なぜなら，フォレットは，すべての人々に自らの経験および共通目的に対する責任を感じるよう求めるし，受動的服従を厳に戒めるからである。そもそも，フォロワー自らで命令を見出すこと自体が，フォロワーの主体性を認めている反面，自己責任をも強く求めている。

　以上，経営管理論の古典ともいえる三つの研究から，フォロワーがどのように捉えられていたのかについてみてきた。リーダーシップ研究が開始されたといわれる1930年代において，すでにフォロワーの主体性が認められていたことがみて取れる。なかでもフォレットの管理思想は群を抜いて斬新であることがわかる。しかし，ベーカーもいうように，こうしたフォロワー主体の考え方は戦後になって色あせてしまったようである。事実，リーダーシップ研究の黎明期においては，フォロワーの存在はほとんど看過されていたといえる。

［2］　リーダーシップ研究におけるフォロワーの位置づけ

　組織においてリーダーすなわちリードする者がいるならば，当然，リードされる者が存在する。それがフォロワーである。そもそもリーダーやリーダーシップという概念のなかに，その点が含意されている。例えば田尾（1999）によれば，リーダーシップは対人的な関係のなかで発揮される。この定義には，フォロワーという言葉こそ明記されてはいないものの，その存在が前提とされているのは明らかである。また金井（2005）によれば，潜在的なフォロワーが喜んでついてくるとき，そこにリーダーシップが生じる。この定義には，フォロワーの存在が明記され，リーダーシップ概念におけるフォロワーの重要性がは

っきりと謳われている。しかし，近年のこうした定義にもかかわらず，リーダーシップ研究では，長い間フォロワーの存在は軽視されてきたといえる。ここでは，Url-Bien, Riggio, Lowe & Carsten（2014）や浜田・庄司（2015）の整理を参考にしながら，主要なリーダーシップ研究を振り返ることによって，リーダーシップ研究においてフォロワーの位置づけがどのように変化してきたのかを明らかにしてみたい。

①特性研究

近代的リーダーシップ研究は，この特性研究からスタートしたと考えられる。歴史上で成功した人物の特徴を調べる偉人研究なども，このなかに含まれる。特性研究はまず外見的特性に注目した。例えば，容姿に優れていることがリーダーの条件として考えられたのである。その後，内面的特性にも関心が向けられ，リーダーの特性として認知能力や知性，監督能力などが研究された（Bass, 2008）。すなわち，視点はリーダー個人に向けられていた。優れたリーダー個人の特性にのみ関心があったのである。ここで，リーダーを支えるフォロワーは，研究の対象として全く考えられていない。リーダー中心の研究といえよう。

②行動研究

第二次世界大戦が終わる頃にもなると，研究の関心はリーダーの行動へと向けられた。優秀なリーダーにのみ備わっている特性を特定化できなかったからである。また，行動であれば後天的に身につけることができるという側面もあった。オハイオ州立大学では，1700以上にものぼるリーダーシップ行動が統計解析によって二つのカテゴリーに分類された。いわゆる「構造づくり」と「配慮」である。構造づくりとは，リーダーが目標を達成しようと努力するなかで，自分や部下の役割を明確に定義し，集団の体制を構築することを指している。例えば，決まった手順に従わせる，部下に課題を割り当てるといった行動を含んでいる。一方，配慮とは，成員相互に生じる緊張やストレスを和らげ解消し，人間関係を友好に保つような行動を指している。例えば，部下から出てきた提案を実施にうつす，成員を自分と対等に扱うといった行動が含まれる。

このように，行動研究においても，リーダー個人に焦点が置かれ，その行動が緻密に分析される。しかし，特性研究と異なるのは，リーダー行動が対人的視点，すなわちフォロワーへの働きかけという視点を含んでいる点である。特に配慮行動は，リーダーとの関係においてフォロワーが重視されていることを表している。同様の研究は，同じ時期にミシガン大学でも実施されている。ミシガン大学でも同様の分析が行われ，リーダーシップ行動は二次元にまで絞り込まれた。その内容も似通っていて，一方は従業員志向型，もう一方は生産志向型と命名された。オハイオ州立大学の研究と異なっていたのは，従業員志向型のリーダーが高い組織成果をもたらすという点であった。生産志向性はあまり効果を有していなかったのである（Bass, 2008）。これは，フォロワーに対する配慮や働きかけの重要性を，オハイオ州立大学の研究結果以上に示すものである。ただ，二つの研究はどちらも，フォロワーの主体性にまでは踏み込んでいない。フォロワーはあくまでもリーダーから配慮される受動的な存在でしかない。

　③コンティンジェンシー・アプローチ

　行動研究はわが国でも行われ（三隅，1984），リーダーシップ行動はタスク志向性と人間関係志向性の二次元に集約されることが明らかにはなったものの，ベストな行動を特定化するまでには至らなかった。そこでリーダーシップ研究は，その有効性に影響を与える状況要因を考慮した研究へと展開していくのである。その先駆的研究がFiedler（1967）である。フィードラーは，リーダーシップのスタイルと状況を複数通り用意し，それらの組み合わせのなかから，集団の業績が好ましくなるような組み合わせを見出そうと考えた。リーダーシップのスタイルについては，それまでの行動研究が明らかにしてきた二次元を用いた。すなわち，タスク志向と人間関係志向である。そして，状況については，好ましい，普通，好ましくないというように三つの状況に分類し用いた。問題は，状況をいかにして分類したのかということである。フィードラーは，リーダーとフォロワーの関係を最も重視した。部下がリーダーに対して抱く信頼や尊敬の程度によって，状況の好ましさを判断したのである。ここから，フ

第3章 フォロワーシップとは何か

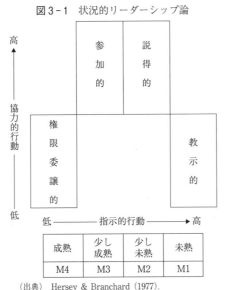

図3-1 状況的リーダーシップ論

(出典) Hersey & Branchard (1977).

ィードラーがいかにフォロワーの視点を強く有していたかが理解できる。

　また，コンティンジェンシー・アプローチ研究としては，Hersey & Blanchard (1977) も取り上げておかねばならない。状況的リーダーシップ論 (SL理論) もしくは，ライフ・サイクル理論と呼ばれる研究である。彼らもまた，状況によって適合的なリーダーシップが異なると考えた。ここで状況として考えられているのは，部下の成熟度である。部下が業務を遂行するうえで必要な，責任を負う意志や技能の程度を指している。彼らは成熟度を4段階に分類したうえで，それぞれに適合的なリーダーシップ・スタイルを提示している (図3-1)。この理論のユニークな点は，フォロワーに応じて，リーダーシップ・スタイルを変えるべきだと主張しているところである。フォロワーの成熟度にリーダーシップが依存するという捉え方は，それまでにはなかったものである。これは直接ではないにしろ，間接的にはフォロワーがリーダーに影響力を行使しているとはいえないだろうか。フォロワーはリーダーに影響を与える存在として位置づけられているのである。

④LMX 理論

1970年代になると，リーダーとフォロワーの関係に着目した研究が登場する。当初は垂直的二者関係（Vertical Dyad Linkage：VDL）理論と呼ばれていたが（Graen & Schiemann, 1978），後に，リーダーとメンバーの交換（Leader-Member Exchange：LMX）理論に統合された。役割理論と社会的交換理論を基礎にしているとされる（Sparrowe & Liden, 1997）。LMX 理論では，リーダーとフォロワーは交換関係にあると考える。そして，それがフォロワーの役割形成に大きな影響力をもたらすのである。リーダーとフォロワー間の関係は一様ではない。リーダーはフォロワーと接触する初期の段階から，フォロワーを二つのカテゴリーに分類しているとされる。いわゆる内集団と外集団である。内集団のフォロワーとの間には，リーダーは社会的交換関係を構築する。そこでは，フォロワーからの献身とリーダーからの信頼が交換される。一方，外集団のフォロワーとの間には，経済的交換関係が構築される。そこでは，フォロワーによる指示通りの業務遂行とリーダーによるそれに見合った報酬が交換される。このように LMX 理論では，フォロワーがリーダーと交換関係を結ぶ主体として位置づけられている。リーダーに対して，交換可能な何かを提供する主体として扱われているのである。先ほどのコンティンジェンシー・アプローチと異なり，リーダーに対して直接的な影響力を行使する可能性を秘めている。しかし，構築される関係の内容は主にリーダーによって決定されることから，フォロワーの影響力は依然として弱いとみてよいであろう。

⑤変革型リーダーシップ研究

近年，最も人気のあるリーダーシップ理論といわれているのが，この変革型リーダーシップ論である（Uhl-Bien *et al.*, 2014）。当初は，交換型リーダーシップの対立概念として考え出された。変革型リーダーは，フォロワーの意識や欲求レベルを高めるとされる。また，フォロワーの潜在的な動機を見出し，その能力を限りなく引き出すことができるともいわれる。Bass（1990）は，変革型リーダーの特徴として，カリスマ，鼓舞，知的な刺激，個別的な配慮を挙げる。カリスマとは，ビジョンやミッションの意味をフォロワーに与え，誇りを植え

付け，尊敬と信頼を得ることのできる特性を示している。鼓舞とは，フォロワーに対する期待が高いことを伝え，単純な方法で重要な目的を表現するといった行動を意味している。また，「知的な刺激を与える」とは，フォロワーの前提を問い，問題を再設定し，古い問題を新しい方法でみることを促し，フォロワーがより革新的で創造的に行動できるように支援することを表している（Bass, 2008）。そして最後に，個別的な配慮とは，フォロワー個々人の欲求を認識し，フォロワーに対してメンターやコーチの役割を果たすことを意味している。実践的な例として，「歩き回るマネジメント（Walking-around management）」を取り上げることが多い（Bass, 2008）。このように，変革型リーダーシップ論は，フォロワーの主体性を認めるだけでなく，フォロワーの主体性を高め，高度な欲求を追求するように仕向ける。ただし，その方向性が正しいという保証はない。フォロワーの潜在的動機を導き出すといいながら，押しつけになる可能性も否めない。もしそうだとすれば，フォロワーの主体性は全く認められないことにもなる。変革型リーダーシップは諸刃の剣といえるのかもしれない。

⑥サーバント・リーダーシップ研究

サーバント・リーダーシップは，かつて AT＆T（アメリカ電話電信会社）マネジメント研究センター長を務めた Robert Greenleaf によって提唱されたリーダーシップ理論である（Greenleaf, 1977）。この理論の中核にあるのは，「リーダーは，まず奉仕し，その後導くものである（Servant first, Leader second）」という考え方であろう。何よりもフォロワーを第一に考え，成長させ，自立できるようにしなければならないとする。そしてそのためには，フォロワーへの興味や愛情を純粋にもち，フォロワーの立場で考え，いつでもフォロワーに共感し，フォロワーを受け入れることが不可欠であると考える。リーダーとフォロワーの関係性に注目している点から，LMX 理論や変革型リーダーシップ論との類似性を指摘する研究もある。例えば，Barbuto & Wheeler（2006）によれば，サーバント・リーダーシップ論はこれら二つの理論が求めるリーダーシップ行動を包括した理論である。また，Liden, Wayne, Zhao & Henderson

（2008）に至っては，サーバント・リーダーシップがこれら二つを凌ぐリーダーシップであると結論づけている。以上のように，サーバント・リーダーシップがいかに，フォロワーを尊重しているかがよく理解できる。また，サーバント・リーダーシップは意思決定やリーダーシップにおけるフォロワーとの共有を，その概念のなかに含んでいるとする研究もあり（Laub, 1999），フォロワーはリーダーと対等なパートナーとして位置づけられ得る存在として扱われている。

　⑦暗黙のリーダーシップ研究

　1970年代も後半になると，リーダーシップ研究が認知心理学の影響を受けるようになり，フォロワーの属性やパーソナリティの違いによって，リーダーに対する評価の異なることが明らかになってきた。フォロワーは先入観なくリーダーの行動を分析して，リーダーを評価するわけではない。個々のフォロワーはそれぞれに，暗黙のリーダー像（リーダー・プロトタイプ）を有しており，それと現実のリーダーを比較することによって評価を行っているのである（Eden & Leviatan, 1975）。すなわち，リーダーの有効性はフォロワーの認知に依存することになる。こうした発想はバーナードの議論にも通じるといえよう。

　また，こうしたフォロワー認知を重視する傾向は，新たな特性研究をも生み出した。例えば，Conger & Kanungo（1988）によれば，リーダーはフォロワーによって，自らのカリスマ性が認知された段階で初めて，カリスマ型リーダーになる。かつての特性研究とは異なり，必要な特性が備わっているか否かはフォロワーの認知に委ねられるのである。フォロワーは単にリーダーによって導かれる受動的な存在ではなく，リーダーの役割にある人物を評価し，リーダーシップを成立させる重要な存在として考えられている。しかし，フォロワーによる評価の適正さは保証されていない。

　以上，リーダーシップ研究を振り返り，主要な研究においてフォロワーがどのように位置づけられてきたのか，その変遷についてみてきた。特性研究においては，フォロワーの存在はほぼ無視されていた。行動研究においては，フォロワーへの配慮行動などが浮き彫りにされたものの，フォロワーはあくまでも

第3章　フォロワーシップとは何か

配慮される受動的な存在であった。コンティンジェンシー・アプローチでは，フォロワーはリーダーシップ・スタイルを左右する存在として扱われてはいたものの，その影響力は間接的なものに過ぎなかった。次にLMX研究においては，フォロワーはリーダーとの間に交換関係を結ぶことのできる主体として扱われていたが，交換関係の内容を決定するのはリーダーであった。さらに，変革型リーダーシップ研究においては，フォロワーは高次欲求を有した主体として尊重され，フォロワーの地位はかなりの程度向上したようにみえたが，リーダー次第で反作用の生じる懸念があった。このように少しずつではあるものの，また，問題を孕みながらも，次第にフォロワーの存在を重視する傾向は強まってきたことがみてとれる。そして近年になると，サーバント・リーダーシップ研究のように，フォロワーは何よりも第一義に捉えられ，リーダーと対等なパートナーシップを形成し得るとまで考えられるようになった。最後に暗黙のリーダーシップ研究では，脆弱さがあることは否めないものの，フォロワーの認知がリーダーシップ成立の鍵を握っていることが示された。このように，リーダーシップ研究におけるフォロワーの位置づけは，確実に高まってきていることがわかる。この傾向が，フォロワーシップ論を生む契機となったのは間違いないのではないか。

2　フォロワーシップ論

1　フォロワーシップとは何か

　ではここで，フォロワーシップについて考えてみることにしよう。フォロワー以上に理解しがたいのが，このフォロワーシップである。実際，フォロワーシップをテーマにしている論文であるにもかかわらず，意外にもその定義を明らかにしていないものが少なくない（Baker, 2007）。また，既存の定義は多様で，研究者間において統一されているわけでもない。ただそうはいうものの，いくつかの共通点はある。例えば，西之坊・古田（2013）は，フォロワーシップを「組織のゴールをリーダーと共有し，フォロワーがそのゴールに向かって

行動することで直接的または間接的にリーダーや組織に対して発揮される影響力」(67頁)と定義づけているし，下村・小坂（2013）は，「フォロワーがリーダーへの支援活動を通じて，影響力を行使し，フォロワー自身の目的を達成すること」(314頁)と定義づけている。また，Crossman & Crossman（2011）は，「リーダーシップの対極に位置する，直接的もしくは間接的な影響行為」(482頁)と定義している。さらに，Carsten, Uhl-Bien, West, Petra & McGregor（2010）は次のように述べる。

> 「リーダーとの関係性のなかで生じる個人の行動。すなわちフォロワーシップ行動とは，個人が自分たちの仕事に対してどのように影響力を発揮するかということではない（例えば，自己管理や自己リーダーシップ）。また同僚に対してもしかりである（例えば，リーダーシップの共有）。つまり，より高い地位にある人々，リーダーに対してどのように影響力を発揮するかなのである。」(p. 545)

これらの定義に共通しているのは，フォロワーシップをフォロワーの影響行為もしくは影響力と捉えている点である。影響行使の対象はリーダーか，リーダーと組織の両方であり，それ以外には考えられていない。これらの定義では，フォロワーによる積極的，能動的な側面のみが取り上げられている。まさに，フォロワーによるリーダーシップである。しかし，これらの定義はフォロワーの「自己性」にのみフォーカスしており，完全とはいえない。そもそも，フォロワーとは何であったか。すでに我々が与えておいた定義を，改めてみてみよう。

> 「様々な組織要素によってその行動が規定される主体ではあるものの，主に上司やリーダーによって役割が形成され，その示す方向性や枠組を前提として組織に貢献しようとする成員」

この定義からもわかるように，フォロワーの行動は，様々な組織要素によって規定される。すなわち，受動的な側面を有しているのである。フォロワーはまず他者性を受容する。それが自己性と統合されることによって，役割が形成されてくる。フォロワーは，その役割に従って行動をすることになる。では，フォロワーの行動はどのようなプロセスから生じるのだろうか。また，こうしたプロセスこそがフォロワーシップとはいえないだろうか。例えば，Uhl-Bien *et al.*（2014）によれば，「フォロワーシップは，リーダーとの関係における，その特徴であり，行動であり，個人的行為のプロセス」（96頁）である。そしてその行為プロセスは，他者性をも帯びている。

そこで，次のような定義を参考に考えてみよう。Bjugstad, Thach, Thompson & Morris（2006）は「フォロワーシップとは，指示命令に効果的に従い，リーダーの努力を支援する能力」（304頁）と定義づけている。ここで注目したいのは，指示命令に効果的に従うという記述である。そもそも，フォロワーは上司やリーダーから指示命令を受ける存在である。この点を看過しては，フォロワーシップを語ることはできない。また「効果的に従う」という表現には，フォロワーシップ・プロセスの問題が含まれているように思われる。先ほどのフォロワーの定義にもあったように，上司もしくはリーダーによって提示された枠組がフォロワー行動の前提となる。ここで，サイモンのいう受容圏が確立されている場合，指示命令に対する対応は効率的に行われる。受容圏が確立されていなければ，すべての指示命令に対して熟考する必要が生じてしまう。しかし受容圏が確立されていれば，少なくとも受容圏内の指示命令には反応的な行動で対処するだけでよいのである。次に Townsend and Gebhart（1997）の定義もみてみよう。二人によれば，「フォロワーシップとは，リーダーの命令に従う責任を部下が認識するプロセスであり，リーダーの命令を遂行するのに最適な行為をとるプロセスである。そして命令がない場合には，使命に貢献するための適切な行動を推測し，そうした行動をとる」（52頁）ことが求められる。この定義も，フォロワーシップが命令に従うことを前提にしている。しかし，ただ従うのではない。フォロワーシップは従う責任を認識するプロセス

なのである。すなわち，フォロワーは責任をもって従わなければならないということである。この点は，フォレットの議論にも通じる。責任の自覚は能動性を生じさせる（國分，2017）。それは，自らでフォロワーである状態を選択するということでもある。

松山（2014）によれば，組織成員は指示命令を受ける主体として，まず他者性を育むことが必要である。強い自我は魅力的だが，他者性を受け入れ，それを理解し，共感する体制がなければ，組織の人間として行動することはできない。しかし，同時に，その状況を自らで受け入れるという自己性の発揮も必要となる。この点は，前述した松谷（2010）や永井（2011）の言説とも符合する。まさに他者性を受容する「主体」としてのあり方が求められるのである。上司やリーダーの命令をただ受容するのではない。受容することを主体的に選択するというあり方が重要なのである。Uhl-Bien *et al.*（2014）の言葉を借りるなら，「フォロワーシップは影響を与えられることを自らに許す」（p. 83）のである。

また，他者性を受容するには，そのための能力が必要である。バーナードによれば，指示命令の権威が受容されるためには，まずそれが理解されなければならない（Barnard, 1938）。ただ平松（2008）もいうように，上司と部下との差異は，例えばそれぞれが保有する情報の量や質にあるため，部下の視座は上司のそれとは異なる。つまり，上司の指示命令を受容し理解するためには，それだけの視座と能力が必要になるということなのである。もしくは，それを推測し想像する能力とでもいおうか。平松は，さらに共感する力についても言及する。部下やフォロワーが上司の示すビジョンや方向性にいかに共感するかは，ひとえにその上司やリーダーの手腕にかかっているともいえようが，そもそも部下やフォロワーに感受性と能力がなければ，どれだけ素晴らしいビジョンが示されたとしても無意味であろう。この点は，先ほどの他者性を受容する能力とも符合する。

ここまで，フォロワーシップの他者性もしくは受動性について言及してきた。フォロワーシップを語るときに，この点が看過されるべきではないというのが

第3章　フォロワーシップとは何か

本書での考えである。しかしまた，この点だけを強調するのも不適切であるように思われる。上司やリーダーが示すビジョンや方向性を前提とはしながらも，それを超えた考えや行動もフォロワーには必要ではないだろうか。前述したように，フォロワーはエージェントである上司，もしくはリーダーとの関係性のなかで組織に貢献する主体である。そして上司やリーダーは部下やフォロワーにとって，組織行動の枠組を提示する存在である。しかし，その枠組を前提としながらも，それを超える考え方や行動も時には必要となるはずである。それが組織に貢献するということであり，ひいてはそれが上司やリーダーに貢献することにもなるのである。

　ではここでひとまず，これまでの議論を踏まえて，暫定的な定義を与えておくことにしよう。本書ではフォロワーシップを，「組織成員がフォロワーであることの意味を理解し，それを自らで選択したうえで，組織のエージェントである上司やリーダーの意を体し，指示命令に効果的に従い，時には上司やリーダーが前提とする枠組を超えた行動によって組織に貢献しようとするプロセス」としておきたい。

2 近年のフォロワーシップ研究

　次に，Url-Bien *et al.* (2014) を参考にして，いくつかのフォロワーシップ研究を紹介しよう。Url-Bien *et al.* (2014) によればフォロワーシップ研究とは，フォロワーの性質や影響力，そしてリーダーシッププロセスにおけるフォロワー行動の調査を含む。こうしたフォロワーシップ研究を彼らは大きく二つに分けている。役割理論アプローチと構築主義アプローチである。役割理論アプローチとは，フォロワーシップを公式的もしくは非公式的な位置，または階層を占める諸個人（例えば，階層的な上司―部下関係における部下や，リーダー―フォロワー関係におけるフォロワー）によって果たされる役割として捉える。次に，構築主義アプローチは，リードとフォローが組み合わさってリーダーシップが共同で創造されるというように，その関係的相互作用としてフォロワーシップを捉える。前者の役割を基礎とした視点が，フォロワーシップを役割や行

71

動セットもしくは個人やグループの行動スタイルとして捉えるのに対して，後者の構築主義的視点はフォロワーシップを，リーダーシップと必然的に結びつく社会的プロセスとして捉える。

①役割理論アプローチ

先にも述べたとおり，役割理論アプローチはフォロワーを類型化することによって，フォロワーシップを捉えようとする。Url-Bien *et al.* (2014) によれば，その最も初期のタイプ論が Zaleznik (1965) である。彼は，フォロワーという表現こそ用いてはいないものの，「部下」を四つのタイプに分類した。支配—服従および能動的—受動的の二軸を設けた上で，部下を衝動型，強迫観念型，自虐型，引きこもり型の四つにタイプ分けしている。

そして，現在でも最も影響力のある初期のタイプ論が Kelley (1988, 1992) である。書物として，初めて日本にフォロワーシップ論を紹介したのもケリーであった。ケリーは調査の結果，フォロワーシップの特徴として独自のクリティカル・シンキング（批評的思考）と積極的関与という二つの特徴を抽出した。独自のクリティカル・シンキングを有しているフォロワーとは，自分で考え，建設的批評を行い，自分らしさをもっている，革新的で創造的な個人を指している。それに対して，この特徴を有していないフォロワーは，するべきことをいわれなくてはならず，自分で処理できず，考えようとしない。次に積極的に関与しているフォロワーとは，イニシアティブをとり，オーナーシップを引き受け，積極的に参加し，自発的で，担当業務以上の仕事をする個人を指している。それに対して，こうした特徴を有していないフォロワーは，受身で，怠惰で，刺激される必要があり，常に監督を必要とし，責任を回避しようとする。ケリーはこれら二つの特徴の有無を二軸として，マトリックスを描き，五つのタイプのフォロワーを抽出したのである（図3-2）。それが孤立型，消極的，順応型，実務型，模範的フォロワーである。

こうしたケリーのタイプ論を用いて，新たなフォロワーシップ論を提唱している研究もある。それが，Bjugstad *et al.* (2006) によるフォロワーシップとリーダーシップ・スタイルの統合モデルである。このモデルはケリーのタイプ

第3章 フォロワーシップとは何か

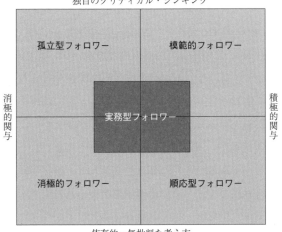

図3-2 ケリーのフォロワータイプ

図3-3 チャレフのフォロワータイプ

(出典) Chaleff (1995) ／邦訳, 59頁。

論と, Hersey & Blanchard (1977) の状況的リーダーシップ理論を統合したものである。この理論モデルによれば, フォロワーシップのタイプに応じて, 適切なリーダーシップ・スタイルは変化する。具体的には, 孤立型フォロワーに対しては参加的リーダーシップ, 消極的フォロワーに対しては説得的リーダーシップ, 順応型フォロワーに対しては教示的リーダーシップ, そして模範的フォロワーに対しては権限委譲的リーダーシップが適合的であると考えるのである。

また, 経営コンサルタントであるChaleff (1995) は, 支援と批判という二つの軸を設けてタイプ分けを行っている (図3-3)。ここで支援とは, フォロ

ワーがリーダーを支える程度を示し，批判は，リーダーの言動や方針が組織の目的や価値を損なうような場合に，異議を申し立てる程度を示す。これらによって設定されるタイプは，実行者（implementer），パートナー（partner），個人主義者（individualist），従属者（resource）の四つである。なお，これらの訳は邦訳（1995）に準じている。ここで実行者とは職務をきっちり果たし，リーダーが監視する必要のないフォロワーである。しかし，このタイプのフォロワーは，リーダーが道を踏み外しても警告することができない。パートナーとは，リーダーを精力的に支え，同時にリーダーの言動や方針に対して積極的に異議を唱えるフォロワーである。また，個人主義者とは，服従心が乏しく，リーダーや同僚たちの行動について，自分の意見を相手のことも考えずに言うタイプである。そして最後に従属者とは，給料以上の仕事をしようとしないタイプのフォロワーを指している。

　役割志向性（role orientation）という概念を用いたタイプ分けもある。Howell & Mendez（2008）は，様々な役割志向性がリーダーとフォロワー間の関係に影響を与えると考える。ここで役割志向性とは，フォロワーが組織内の地位において自分の義務や責任をいかに概念化するかということを指している。この役割志向性はフォロワー自らの自己概念，リーダーからの期待，そして組織的要因から影響を受けるとされる。第一の役割志向性は，フォロワーシップを関係的役割と捉える志向性である。このフォロワーシップはリーダーシップ役割を補完し，支援する。第二の役割志向性は，フォロワーシップを独立した役割と捉える志向性である。この志向性において優れているフォロワーは，自らで方向性を決定することができ，リーダーに頼らなくても問題解決ができる。第三の役割志向性は，フォロワーシップを変化する役割と捉える志向性である。近年，組織における個人はそのリーダーシップ構造に自らを適応させること，すなわち，リードするのかフォローするのかといった選択を状況に応じて行うことが期待される。そしてそうした役割はしばしば一時的であり，特別なプロジェクトや課題の要求に依存している。さらに，こうしたフォロワーは役割間を移動することが可能でなければならないとしている。

役割志向性とよく似た，フォロワーシップ・スキーマ（followership schema）という概念を用いた研究もある（Carsten *et al.*, 2010）。彼女たちは質的調査を通じて，個人がフォロワーとしての役割を社会的にどのように構成するのかについて明らかにしようとした。そして，こうした社会的構成概念と関連のある要素として，フォロワーシップ・スキーマと組織的文脈に注目したのである。ここで「フォロワーシップ・スキーマとは，リーダーシップやフォロワーシップと関連する様々な要因との間に生じる社会化や相互作用を通じて発達した，一般化された知識構造」（p.546）を指している。

さて研究の結果明らかになった，フォロワーを構成する概念は三つであった。一つ目は，受動性・従順性（passive）という構成概念である。回答者の39％が，この受動的で従順なフォロワーといった定義を支持したとしている。このグループは，フォロワーの役割を本来的により受動的であるとみなし，命令を受け取り，「リーダーの方向」に物事を進めることを通じて従うことが重要であるという。また，このタイプの人たちは，フォロワーの役割に伴う責任が比較的軽いこと，そして，リーダーの知識や専門性に従うことが重要であることを強調するのである。それは，リーダーこそが意思決定し，会社の将来を構想するのに必要な知識や専門性を有していると考えているからにほかならない。まさにフォロワーシップの部下性ともいえる特徴であり，権力や地位を階層的に高い位置にいる個人に帰属させてしまうという社会的傾向に，これらの人々は影響を受けているのだと彼女たちは考える。

二つ目は，能動性（active）という構成概念である。回答者の32％が，能動的な（自分から働きかける）フォロワーシップの概念を支持した。このグループは，リーダーから求められたときに自らの意見を表明し，情報を提供することの重要性を強調する。これらのフォロワーはまた，リーダーが専門性や知識に優れていることを認めながらも，自分たちがリーダーシップ・プロセスに対してなす貢献を幾分重要視する。ただそうはいっても，依然としてリーダーの決定には忠実（loyal and steadfast）である。そして，いつも積極的な態度を維持することが重要であると考えている。これらの人たちは，すすんで許容範囲

を超えるようなこと，つまり，リーダーの行為に挑戦しようとまではしない。さらに責任の少なさをフォロワー役割の利点としてみなす従順なフォロワーたちとは異なり，リーダーシップの位置にいる人々から学ぶことができることの利点を強調する。

　三つ目は先回り・順向性（proactive）という構成概念である。回答者の29％がこういった概念を表明する。このグループはイニシアティブをとり，リーダーに対してフィードバックやアドバイスを提供するだけでなく，リーダーから求められる前に，リーダーが前提としている考え方に挑戦する。このグループは，リーダーの決定に影響を与え，命令に疑問を投げかけることの重要性について率直に語る。また，これらの人たちは，フォロワー役割を遂行しているときの影響力や挑戦，そして「静かなリーダーシップ」の重要性を強調するのである。

　この三つ目の構成概念については，考察部分で次のようにも述べられている。すなわち，プロアクティブなフォロワーたちは，自分たちの行動を支配や服従ではなく，パートナーシップ関係と結びつけて考えているというのである。プロアクティブなフォロワーは，自らをリーダーシップ・プロセスのなかで，積極的な参加者もしくは共同プロデューサーとして捉えている。つまりこのグループは自分たちの役割を，自らの部門や組織の使命を実現することだと考えているのである。そしてこうした役割を遂行するうえで，これらの人たちは必要とあらば上司にすすんで建設的に挑戦する，「静かなリーダー」であると自らを捉えてもいる。さらにこれらの人たちは，しばしば，フォロワーの役割と関係づけられる受動的で服従的な行動を批判する。このことは先回りするフォロワーが，従わないということを示唆しているのではない。ただ，上からの方向性に盲目的に従うよりもむしろ，リーダーに対して，建設的な疑問を呈し，建設的に挑戦することの方が重要であると言いたいだけなのである。組織の使命と合致することに関心があるのだから，当然のことなのかもしれない。

　さらに彼女たちは，スキーマと組織的文脈との関連性について，次のように述べる。すなわち，フォロワーによるスキーマに基づいた行為が可能か否かは，

文脈に依存するというのである。例えば，リーダースタイルが権威主義的か権限委譲型か，もしくは風土が官僚主義的か活気にあふれているか，といったことが，フォロワーたちが自分たちの役割志向性に従って役割を遂行できるかどうかを決定する重要な要素になるというのである。フォロワーのスキーマが文脈に合致していないときは，ストレスや不満が生じる。例えば，権限委譲的風土にいる受動的フォロワーは，自分たちの信念やスタイルと一貫しない方法で仕事をするように要求されるためストレスを感じる。また，権威主義的リーダーと仕事をしている順向的なフォロワーは，官僚的な風土や手続きによって息苦しくなり，欲求不満を感じるのである。この研究は，フォロワーの抱く暗黙のフォロワーシップに関する研究として捉えることも可能であるし（浜田・庄司，2015)，社会的構築主義の視点を有した研究という見方もできよう。

　②構築主義アプローチ

　次に，構築主義の視点を有している研究をみてみることにしよう。フォロワーのアイデンティティをポスト構造主義的に分析することによって，新たな視点からフォロワーシップを捉えようとした研究に，Collinson（2006）がある。すでにリーダーシップ論においては，ポスト構造主義的観点によってリーダーシップを社会的アイデンティティとして捉えようとする研究がいくつか存在しているため，それらをフォロワーシップに適用しようとしたのである。通常，アイデンティティとは単一で，統一的で，まとまりのある主体として捉えられているが，ポスト構造主義的な観点では，そのようには捉えられない。それは多元的で，移ろいやすく，分裂していて，非合理的な特徴を有しているとみなされる。個人の生活は個人を取り巻く社会的世界と密接に結びついているため，個人は様々な社会的自己の集合体として理解されるべきであるとポスト構造主義者は考える。個々人の行為は，常に複雑な状況や結果のなかで理解されるべきだからである。そして，個々人の自己は同時に現出するわけではない。時期や文脈に応じて支配的な自己は変化するのである*。

　　* 第2章で筆者も，同様の立場でフォロワーを捉えようとしていたことになる。

　研究の結果，Collinson（2006）によって抽出された自己は，順応するフォロ

図3-4 アイデンティティ・ワーク

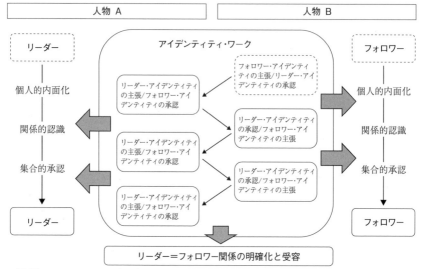

(出典) Derue & Ashford (2010) p.631.

ワーとしての自己，抵抗するフォロワーとしての自己，劇作的フォロワーとしての自己であった。ここで，劇作的自己とは，組織内での監視が強まるなか，それに対して戦略的に対応する自己，つまり印象操作を駆使する自己を指している。こうした自己は，順応的な自己の場合もあるし，抵抗する自己を演じる場合もあろう。また，それらを混合したような自己の場合もあるかもしれない。いずれにしても，リーダーはフォロワーのアイデンティティを形成することによって，彼や彼女たちを動機づけるべきなのである。

　Collinson (2006) と同様に，フォロワーのアイデンティティに注目した研究としてDerue & Ashford (2010) がある（図3-4)。二人はリーダーシップ関係の発達について説明するなかで，フォロワーのアイデンティティがリーダーのそれと同様に，重要な構成要素であることを明らかにしている。二人によれば，これまでの研究は上司の地位にある者をリーダー，上司に報告すべき人間をフォロワーとして捉えてきた。そのため，リーダーとフォロワーとの間にある社会的に構築される相互関係の重要性が軽視されてきたという。フォロワ

ー・アイデンティティは，個人的で，一方向的で，静的なものとしてしか描かれてこなかった。暗黙のフォロワーシップ論やプロトタイプ論にしても，認知的側面にばかり注目して，関係的視点が欠けているというのである。

　二人によれば，アイデンティティは三つの要素から成立する。すなわち，個人的内面化，関係的認識および集合的承認である。個人的内面化とは，リーダーやフォロワーとしてのアイデンティティを自己概念の一部として組み込むようになる状態をいう。フォロワーとしての役割に関係のある，自己の新しい側面が創造されるということでもある。次に関係的認識について述べよう。二人によれば，個人のアイデンティティは様々な役割と結びついているし，またそれらの役割は相互に関係している。フォロワーシップとは，フォロワーが所有している何かではなく，個々人の間で認識される関係性を表現しているのである。関係的アイデンティティ・プロセスという概念は，リーダーやフォロワーといった相互的役割アイデンティティの採用を通じて，また，それが関係的に認識される程度に応じて，そのフォロワーシップ・アイデンティティが強くなることを示唆している（すなわち，フォロワーについていえば，相手が相互的リーダー・アイデンティティを帯びているとき）。最後に集合的承認とは，社会的環境のなかで，ある特定の社会的グループ（例えば，リーダーもしくはフォロワー）の一部としてみなされるということである。

　さて，二人はこれらを前提としたうえで，アイデンティティが形成される具体的なプロセスについても言及している。それがアイデンティティ・ワークである。アイデンティティ・ワークとは，人々がアイデンティティを形成し，修正し，維持し，強化し，改定することに従事することを指している。このワークは，特定のイメージを生み出そうとする個人と，その個人に対して正当なアイデンティティとしてのイメージをフィードバックし，強化する（またはしない）他者によって引き受けられる。それは主張と承認の繰り返しによって成立する。ここで主張とは，リーダーかフォロワーどちらかのアイデンティティを主張するために人々がとる行為を指す。承認とは，他者に対してリーダーかフォロワーどちらかのアイデンティティを承認するためにとる行為をさしている。

表 3-1　結果の概要

	愛着的コミットメント	規範的コミットメント	内発的職務満足	外発的職務満足
独自の批評的思考(ICT)	低減	低減	無関係	低減
積極的関与（AE）	増大	増大	増大	増大
ICT×AE	無関係	無関係	増大	低減

（出典）　Blanchard, Welbourne, Gilmore & Bullock（2009）p. 125.

　なお二人の研究は，どちらかといえば，リーダーシップに視点があるものの，これまでの説明からも理解できるように，リーダーシップとフォロワーシップは表裏一体の関係にあると考えられているため，本章ではフォロワーシップに視点を置いた説明に修正している。

　③実証研究

　それでは最後に，近年発表されたいくつかの実証研究を紹介して本章を閉じることにしよう。フォロワーシップに関する研究は蓄積が進んでいるとはいうものの，実証研究は依然として少ない。ここでは，五つの研究を取り上げることにしたい。

　Blanchard, Welbourne, Gilmore & Bullock（2009）は，フォロワーシップ・スタイルと従業員の態度との関係について調べている。フォロワーシップ・スタイルについては，Kelley（1992）によって考案された20項目が使用されている。従業員の態度としては，組織コミットメント（愛着的コミットメントと規範的コミットメント）と職務満足（内発的職務満足と外発的職務満足）が取り上げられている。331名の大学職員を対象に調査をしたところ，フォロワーシップ・スタイルはケリーによって提示された，独自の批評的思考（ICT）と積極的関与（AE）の二次元で捉えられることが明らかになった。また，これら二つの特性とそれぞれの態度との関係は表の通りである（表3-1）。

　分析結果から，積極的関与はどの態度に対しても正の影響を有していることがわかる。一方，独自の批評的思考は，内発的満足を除いてすべての態度に対して負の影響を有している。また，両者の交互作用項による影響をみてみると，内発的職務満足に対しては正の影響を有している一方で，外発的職務満足に対しては負の影響を有していることがみてとれる。この結果をさらに詳しくみて

みると，フォロワーは積極的に関与しながら，独自の批評的思考を行うと内発的職務満足が高まるようである。すなわち，両方の特性が発揮される場合に，フォロワーの内発的満足も高まるということなのである。この結果は，両特性レベルの高いフォロワーを，模範的フォロワーとするケリーの考え方に符合しているように思われる。一方，フォロワーが消極的に関与している場合に，独自の批評的思考が行われると，外発的職務満足が低くなるようである。これらの結果から，独自の批評的思考はいわゆる諸刃の剣であると結論づけられている。

　Kalkhoran, Naami & Beshlideh (2013) もよく似た研究を行っている。本研究においても，フォロワーシップ・スタイルと様々な職務態度が扱われている。フォロワーシップ・スタイルは先ほどの研究と同じく，ケリーの20項目が使用されている。職務態度としては，職務満足，組織コミットメント（愛着的コミットメント）そして，職務関与（job involvement）が取り上げられている。石油・ガス関連企業に勤める320人の従業員を対象に調査をしている。本研究では，これらの対象者をケリーの示した，フォロワーシップ・スタイル，すなわち模範的，順応型，実務型，消極的フォロワーに分類したうえで分析を行っている。孤立型フォロワーは除外されている。分析の結果，職務満足，組織コミットメント，そして職務関与すべての態度において，フォロワーシップ・スタイルによる差異がみられた。特に，職務満足と組織コミットメントにおいては，模範的フォロワーが他のフォロワーに比べて高い値を示したとしている。

　次に Kan, Heo & Kim (2016) を取り上げよう。本研究では，フォロワーシップとバーンアウトおよび職務ストレスとの関係について調査が行われている。この研究でも，フォロワーシップについてはケリーを参考にしているが，批評的思考と積極的関与以外に，目標一貫性およびチーム・スピリットと命名された特性が加わっている。ラグジュアリーホテルに勤務する544名の従業員を対象に調査を行ったところ，次のような結果となった。まず，バーンアウトに対して，積極的関与は正の影響を示した一方で，目標一貫性とチーム・スピリットは負の影響を示した。また，職務ストレスに対しては，積極的関与が正の影

響を示した一方で，その他の三つの変数は負の影響を示していた。積極的関与といったフォロワーシップ特性がバーンアウトやストレスを導くという結果は，Blanchard *et al.*（2009）とは符合しないようにみえる。しかし，組織コミットメントを高め，職務満足をもたらす一方で，精神的負担は増えているのかもしれない。三人は，個人的挑戦を要求するような仕事に対する積極的関与がバーンアウトを導くのではないかと考察している。

　セルビアでも同様の研究が行われている。Hinić, Grubor & Brulić（2017）もフォロワーシップ・スタイルと様々な態度について調査を行っている。フォロワーシップに関しても，これまでの研究と同様に，ケリーの20項目を用いている。中等学校に勤務する206名の教員を対象に調査を実施したところ，模範的フォロワーが最も多く全体の58.7％を占めた。次に多かったのが，実務型フォロワーで39.8％であった。その他のフォロワーはほとんど存在せず，孤立型は１％，順応型はわずかに0.5％であった。実務型と順応型が弁別されなかった可能性がある。そこで，模範的フォロワーと実務型フォロワーを比較したところ，内発的モチベーションと職務満足に関しては，模範的フォロワーの数値が高く，外発的モチベーションに関しては実務型フォロワーの方が高かった。また，今回の研究では，批評的思考レベルが高かった。それについて三人は，文化的要因が背景にあるとしている。つまり，セルビアの文化は，個人の感情や意見を自由に表明させるため，このような結果になったとみている。また，模範的フォロワーが多かったことについては，多くの人が自らの職業キャリアを模範的フォロワーとしてスタートさせるというケリーの言説と符合するとしている。

　最後に Jin, McDonald & Park（2016）を取り上げよう。この研究もフォロワーシップと職務満足について調べている。フォロワーシップの捉え方はケリーに依拠している。しかし，分析指標としてのフォロワーシップは二次元に分別せず，積極的関与２項目，批評的思考２項目を合算して用いている。また，フォロワーシップが職務満足に与える影響を調整する要因として，上司からの支援に対する認知（PSS）と成果志向型文化（POC）を加えて分析している。82

第3章　フォロワーシップとは何か

の連邦政府関係機関から得られた大規模データを分析した結果，フォロワーシップが職務満足に対して正の影響を有していることが明らかになった。さらに，階層的重回帰分析を行った結果，フォロワーシップは高い PSS のもとで，職務満足に正の影響をもたらしていることがわかった。優秀なフォロワーは他者や状況からの影響なしに課題を達成すると想定して，設定された仮説とは逆の結果になっている。また，フォロワーシップは成果志向が弱い状況で正の影響をもたらしていることも明らかになった。この結果も仮説を支持していなかった。

　以上，近年行われた実証研究をいくつか紹介してきた。すべての研究がケリーに依拠していることがわかる。しかし，ケリーの理論および類型化には，少なからず問題があると筆者は考えている。この点については，章を改めて論じるつもりである。さて，ここまでフォロワーシップについて考えてきた。多くの研究が欧米を中心に行われていることがわかる。ただ，輸入理論はどの分野でも同じように，そのまま自国に当てはめてよいか否かは熟考が必要である。Hinić et al. (2017) もいうように，多かれ少なかれ個人の社会行動はその国や社会の文化の影響を受ける。我が国においても同様であろう。日本もしくは日本人に適合的なフォロワーシップ，つまり日本的フォロワーシップはあるのだろうか。次章では，日本におけるフォロワーシップについて考える。

参考文献

Baker, S. D., "Followership: The theoretical foundation of a contemporary construct," *Journal of Leadership & Organizational Studies*, 14(1), 2007, 50-60.

Barbuto, J. E. & Wheeler, D. W., "Scale Development and Construct Clarification of Servant Leadership," *Group and Organization Management*, 31(3), 2006, 300-326.

Barnard, C. I., *The Functions of the Executive*, Harvard University Press, 1938. (山本安次郎・田杉競・飯野春樹訳『経営者の役割』ダイヤモンド社，1968年)

Bass, B. M., "From transactional to transformational leadership: Learning to share the vision," *Organizational Dynamics*, 18, 1990, 19-31.

Bass, B. M., *The Bass handbook of leadership: theory, research, and managerial applications* 4*th* ed., Free Press, 2008.

83

Bjugstad, K., Thach, E. C., Thompson, K. J. & A. Morris, "A fresh look at followership: A model for matching followership and leadership styles," *Journal of Behavioral and Applied Management*, 7(3), 2006, 304-319.

Blanchard, A. L., Welbourne, J., Gilmore, D. & A. Bullock, "Followership styles and employee attachment to the organization," *The Psychologist-Manager Journal*, 12, 2009, 111-131.

Carsten, K. M., Uhl-Bien, M., West, B. J., Petra, J. L. & R. McGregor, "Exploring social constructions of followership: A qualitative study," *The Leadership Quarterly*, 21, 2010, 543-562.

Chaleff, I., *The courageous follower: Standing up to and for our leaders*, Barrett-Koehler Publishers, Inc., 1995.（野中香方子訳『ザ・フォロワーシップ』ダイヤモンド社，2009年）

Collinson, D., "Rethinking followership: A post-structuralist analysis of follower identities," *The Leadership Quarterly*, 17, 2006, 179-189.

Conger, J. A. & Kanungo, R. N., eds., *Charismatic Leadership: the elusive factor in organizational effectiveness*. Jossey-Bass, 1988.

Crossman, B. & Crossman, J., "Conceptualising followership: a review of the literature," *Leadership*, 7(4), 2011, 481-497.

Derue, D. S. & Ashford, S. J., "Who will lead and who will follow? A social process of leadership identity construction in organizations," *Academy of Management Review*, 35 (4), 2010, 627-647.

Eden, D. & Leviatan, U., "Implicit leadership theory as a determinant of the factor structure underlying supervisory behavior scales," *Journal of Applied Psychology*, 60 (6), 1975, 736-741.

Fiedler, F. E., *A theory of leadership effectiveness*, McGraw-Hill, 1967.（山田雄一訳『新しい管理者像の探究』産業能率大学出版部，1970年）

Follet, M. P., *Freedom & co-ordination: lectures in business organization*, Management Publications Trust, 1949.（斎藤守生訳『フォレット　経営管理の基礎：自由と調整』ダイヤモンド社，1964年）

Graen, G. & Schiemann, W., "Leader-member agreement: A vertical dyad linkage approach," *Journal of Applied Psychology*, 63, 1978, 206-212.

Greenleaf, R. K., *Servant leadership: A Journey into the Nature if Legitimate power and Greatness*, 1977, Paulist Press.

浜田陽子・庄司正実「リーダーシップ・プロセスにおけるフォロワーシップの研究動向」『目白大学　心理学研究』第11号，2015年，83-98。

Hersey, P. & Blanchard, K. H., *Management of organizational behavior : utilizing human resources*, Prentice-Hall, 1977.（山本成二・水野基・成田攻訳『行動科学の展開』日本生産性本部, 1978年）

Hinić, D., Grubor, J. & L. Brulić, "Followership styles and job satisfaction in secondary school teachers in Selbia," *Educational Management Administration & Leadership*, 2017, 45(3), 503-520.

平松琢弥「リーダーシップは誰のものか：リーダーの影響力とフォロワーの共感力」『文学部論叢』99, 2008年, 47-71。

Howell, J. & Mendez, M., "Three perspectives on followership," Riggio, R., Chaleff, I. & J. Lipman-Blumen eds., *The art of followership: How great followers create great leaders and organizations*, 2008, Jossey-Bass, 25-40.

Jin, M., McDonald, B. & J. Park, "Followership and job satisfaction in the public sector: The moderating role of perceived supervisor support and performance-oriented culture," *International Journal of Public Sector Management*, 29(3), 2016, 218-237.

Kalkhoran, M. A. N., Naami, A. & K. Beshlideh, "The comparison of employees' followership styles in their job attitudes," *International Journal of Psychology and Behavioral Research*, 2(3), 2013, 115-125.

金井壽宏『リーダーシップ入門』日経文庫, 2005年。

Kan, J., Heo, J. & J. Kim, "The followership of hotel employees and the relationship between occupational burnout, job stress, and customer orientation: Targeting the hotel service providers at luxury hotels," *Tourism and Hospitality Research*, 16(4), 2016, 345-358.

Kelley, R. E., "In praise of followers," *Harvard Business Review*, 66(6), 1988, 141-148.

Kelley, R. E., *The power of followership*, Doubleday, 1992.（牧野昇監訳『指導力革命：リーダーシップからフォロワーシップへ』プレジデント社, 1993年）

國分功一郎『中動態の世界：意志と責任の考古学』医学書院, 2017年。

Laub, J. A., "Assessing the Servant Organization Development of the Servant Organizational Leadership Assessment (SOLA) Instrument," *A Dissertation Submitted to the Graduate at Florida Atlantic University in Partial Fulfillment of the Requirements for the Degree*, 1999.

Liden, R. C., Wayne, S. J., Zhao, H. & D. Henderson, "Servant Leadership: Development of a multidimensional measure and multi-level assessment," *The Leadership Quarterly*, 19, 2008, 161-177.

松谷葉子「フォロワーシップの再構築：フォロワーの哲学を目指して」『経営哲学』7(1), 2010年, 168-175。

松山一紀『日本人労働者の帰属意識』ミネルヴァ書房，2014年。

三隅二不二『リーダーシップ行動の科学』有斐閣，1984年。

永井恒男「内省型フォロワーシップ」『人材教育』23(10)，2011年，64-67。

西之坊穂・古田克利「日本版フォロワーシップの構成要素の探索的研究と個人特性間の差の検討」『経営教育研究』16(2)，2013年，65-75。

下村源治・小坂満隆「サービス視点から見た優れたフォロワーシップの事例研究」『研究技術計画』28(3/4)，2013年，313-322。

Simon, H. A., *Administrative Behavior: A study of decision-making processes in administrative organizations, 4th Ed.*, Free Press., 1997.（二村敏子・桑田耕太郎・高尾義明・西脇暢子・高柳美香訳『経営行動：経営組織における意思決定過程の研究［新版]』ダイヤモンド社，2009年）

Sparrowe, R. T. & Liden, R. C., "Process and structure in leader-member exchange," *Academy of Management Review*, 22(2), 1997, 522-552.

田尾雅夫『組織の心理学［新版]』有斐閣，1999年。

Townsend, P. & Gebhart, J., *Five-Star leadership*, John Wiley and Sons Inc., 1997.

Uhl-Bien, M., Riggio R. E., Lowe, K. B. & M. K. Carsten, "Followership theory: A review and research agenda," *The Leadership Quarterly*, 25, 2014, 83-104.

Zaleznik, A., "The dynamics of subordinacy," *Harvard Business Review*, 43(3), 1965, 119-131.

第4章

日本におけるフォロワーシップ

武士道と云うは，死ぬことと見つけたり

——『葉隠』より

　フォロワーシップ論の父と呼ばれるロバート・ケリーは，自著のなかで次のように述べている。

　「日本やドイツにおいて，フォロワーシップは社会的にも認められており，個人的にも納得できる立派な役割なのである。

　　今，日本にサムライはいない。が，武士道の伝統はいまだ息づいている。武士道は人生哲学と行動規範の両方の役割を果たしている。武士道において，主人に仕える忠実なフォロワーであることは，しごく当然のことなのだ。フォロワーの社会的地位は，おもにフォロワーシップをうまく発揮することで高められていく。大名制から巨大企業へと変わっても，武士道の精神は連綿と生き続けている。日本の労働者はフォロワーの役割を避けるどころか，全身全霊を傾けているのだ。日本の会社，日本国家の強い競争力のもとはそこにあるのである。」(Kelley, 1992／邦訳，36頁)

　日本において実際に，フォロワーシップが社会的に認められているかどうかはともかく，外国人研究者の目には，日本はフォロワーシップの国として映るのであろう。ケリーがこの著書を執筆していた時期を考えれば，それもやむを得ないのかもしれない。高度経済成長期を経て，日本的経営が世界中から脚光を浴びるなかで，日本はバブル経済に突入した。日本経済と企業の強さは，独

87

特の経営スタイルと強固な組織文化に起因しており，さらにこうした文化を下
支えしているのは，日本人労働者の企業に対する極めて強い帰属意識と，上司
や組織に対する忠誠心であるというのが世界的な見方であった。長時間労働や
サービス残業を苦もなくこなし，家庭を顧みることなく勤勉に働く姿に，典型
的でもあり，理想的ともいえるフォロワーシップを垣間見たのであろう。そし
て，こうした日本における強いフォロワーシップは，戦後からバブル期までと
いった期間限定的な現象ではなく，日本人固有の精神として捉えられているよ
うである。そこで，本章ではまず，外国人研究者の視点を通して，日本におけ
るフォロワーシップについて考えてみることにする。

1　武士道にみるフォロワーシップ

　先に取り上げたケリーの言説からもわかるように，日本におけるフォロワー
シップの根幹は武士道にあるというのが大方の見方のようである。ここではま
ず，Carsten, Harms & Uhl-Bien（2014）で取り上げられている「忠臣蔵」と，
Pascoe（2017）で取り上げられている「葉隠」について考えてみる。

［1］ 「忠臣蔵」にみるフォロワーシップ
　ケリー以後のフォロワーシップ論を牽引する研究者にカーステンがいる。近
年彼女たちは，歴史上の人物を通してフォロワーのイメージを炙り出そうとす
るなかで，最古期の古代ギリシャ詩作品であるホメロスのイーリアスに登場す
るテルシテスや，ヒトラーを中心とするナチス・ドイツ，そしてアメリカのカ
ルト教団である人民寺院を主導したジム・ジョーンズとともに，忠臣蔵の赤穂
浪士を取り上げている（Carsten *et al.*, 2014）。彼女たちによれば，忠臣蔵ほど
伝統的なフォロワーシップを描いた物語はない。忠臣蔵とは，世にいう赤穂事
件を描いた人形浄瑠璃や歌舞伎演目の「仮名手本忠臣蔵」の通称，およびこの
事件を描いた様々な作品群の総称である。ではここで，田中（1986）や田原
（2000）などを参考に，赤穂事件の概要について説明しておこう。

第4章　日本におけるフォロワーシップ

　赤穂事件は大きく二つの事件に分けることができる。一つ目の事件は，元禄14年3月14日（旧暦）（1701年4月21日）の，午前10時ごろに起こった。江戸城内で，播磨国赤穂城主である浅野内匠頭長矩が高家衆の吉良上野介義央に斬りつけて負傷させてしまったのである。時の幕府は浅野長矩に対して，その日のうちに切腹を命じ，領地も没収する。そして，翌日には弟の浅野大学長広が閉門を命ぜられ，浅野家再興の道は事実上閉ざされることになる。一方，吉良義央には何の処分もなかった。この事件の原因はあまり明確ではないが，勅旨接待の役になった浅野長矩が，吉良義央の指示を仰いだものの冷たくあしらわれ，嫌がらせを受けたことにあるというのが通説である。

　二つ目の事件は，元禄15年12月14日（旧暦）（1703年1月30日）の夜，起こった。浅野家の元家老である大石内蔵助を筆頭に，46人の元家臣たちが吉良邸に討ち入ったのである。彼らは吉良上野介義央を殺害して，その首級を泉岳寺に持ち込み，主君浅野内匠頭長矩の霊前に捧げたのであった。いわゆる，「赤穂義士の討ち入り」である。その後，幕府から沙汰があり，46人の元家臣たちは切腹を命ぜられることになる。なお，今日では「赤穂四十七士」という呼称が一般的であるが，寺坂吉右衛門を数えるか否かで異なってくるようである。寺坂吉右衛門は討ち入りの夜に吉良邸までは同行したものの，なぜか大石内蔵助から帰るように命じられ，切腹もしていない。ところで，この一連の討ち入り劇は江戸市民に好感をもって迎えられ，武士の間でも評価する者が多かったようである。討ち入りから約半世紀を経た後も，人形浄瑠璃や歌舞伎として作品化され，人々に親しまれたことを考えても納得のいくところであろう。

　さて，カーステンたちはこの物語をどのように解釈しているのだろうか。彼女たちは，これらの元家臣たちは一見，リーダーに対して盲目的に服従しているようにみえるものの，そうではないという。受動的なフォロワーはただリーダーの死を受け入れるのみで，行動を起こさなかった人たちだというのである。確かに，浅野家の家臣は308人いたものの，実際に行動を起こしたのは47人だけであった。実に250人もの家臣たちが受動的フォロワーということになる。また，武士道の精神は，即座に敵を討たずにはいられないという気持ちに彼ら

89

をさせたはずであるが，彼らはその武士としての名誉を犠牲にして，成功の機会が最大になる方法を考え，それを実行するまで根気強く待った。もし，彼らが主君や武士道の精神に盲目的に服従していたのであれば，後先を考えずに敵を討ちにいったのではないかというのが彼女たちの見立てのようである。しかし，彼らは，じっくりとその時を待ったのである。これは彼らが自らの意志で実行していたことを物語っている。しかも，リーダーはすでになく，リーダーからの見返りもなければ，自分たちが幸せになるというわけでもない。さらには，幕府の法によって禁じられていることがわかっているにもかかわらず，主君のために彼らは行動した。この点を彼女たちは強調するのである。このようにカーステンたちは赤穂義士たちを好意的に評価しているように見受けられる。ただ，彼女たちが提唱する三つのタイプのフォロワーのうち，どのフォロワーに当てはまるかまでは言及していない。

　いずれにしても，カーステンたちは二つの論点を我々に提供してくれている。すなわち，赤穂義士たちの行動はフォロワーとして望ましい行動であったのかという点と，彼らの行動は内発的・能動的・自律的であったのか，それとも外発的・受動的・他律的であったのかという点である。

　前述のように，赤穂義士による吉良邸討ち入りは江戸市民をはじめとして，武士や儒学者に至るまで概ね好意的に受け止められた。岸田（2009）によれば，事件後まもなく林信篤（鳳岡）は「復讐論」のなかで四十六士を「忠臣義士」と位置づけ，室鳩巣もまた，「赤穂義人録」によって彼らを擁護した。このように，影響力のある知識人が事件直後に肯定論を展開したために，赤穂義士に対する批判は困難な状況となっていったとされる。一方で，佐藤直方や荻生徂徠のように，批判的な立場をとった儒学者もいるにはいた。しかし，やはり義士否定論を唱える者は少なかったようである。いずれにしても，こうした義士肯定論と否定論は必然的に「忠」の解釈を巡る議論になっていく（田中，1986）。

　例えば田中（1987）のなかで紹介されている伊良子大州の「四十六士論」では，大石良雄が家老として主君の怒りを落ち着かせ，吉良上野介に対して非礼を加えるのを防がなかったことに，まず批判の矛先を向ける。そして，義臣は

主君が正しければ従い，主君が間違っていたら諫めてそれを止めさせなければならないという。大石良雄は主君の愚かさに従っただけであって，それは忠ではないというのである。それに対して肯定論は，その内容にかかわらず主君の遺志を継ぐこと自体を評価する。つまり，家臣と主君は一体であり，意思に相違があってはならないというのである（田原，2000）。肯定論者からすれば，たとえ主君の遺志が正しくなくとも，それに従うことこそが忠であるということなのであろう。

　しかし，もしそうだとしたら，武士のあり方，あるいは武士道とは本来的に自主・自立の精神態度を欠いたものになると田原（2000）はいう。そして続けてこのように述べている。「ここでいう武士道，武士の習俗とは行動の基準を自己の内部に持たず，外側の動向に左右される（中略）その行動を支えた芯は主君に対する無批判的な没入である」（21頁）と。さらには，わが国の君臣・主従の関係を説明するなかで，肯定論者の意見に従えば，「臣の側には自主・独立の思考・姿勢というものがない。これで行けば君志がどんなに愚劣でも悪でもそれに従いさえすればよいことになる。家臣は主君に盲従するほかないのである。現代風にいえば家臣には主体性というものがない」（26頁）と断じる。これはカーステンたちの評価と，真っ向から対立している。彼女たちによれば，赤穂義士の行動は盲従の結果ではない。ただ田原（2000）における，義士たちの行動原理の捉え方には疑問を感じるところもある。田原は赤穂義士の行動は他からの強制によるものではないとする。そして，彼らは意識によって吉良をつけねらったというのである。にもかかわらず，彼らには反省するだけの余裕がなく，考える理性がなかったと喝破する。田原（2000）のなかでは，強制や意識，そして理性がどのような意味合いで用いられているのかがよくわからない。これでは，義士たちの行動が外発的なのか，内発的なのかが不明瞭である。本当に義士たちには主体性がなかったのであろうか。この点については，後ほど改めて議論したいと思う。

2 「葉隠」にみるフォロワーシップ

　次に，オーストラリア人で，人材開発コンサルタントの肩書きをもつ Pascoe（2017）が取り上げている葉隠について考えてみよう。パスコーはサムライスタイルのフォロワーシップが，現代においていかに適用可能であるかについて考察するなかで，武士道の要素の一つである主君に対する忠誠心（loyalty）に注目する。主君から禄を得るようになったサムライにとって，彼の命は最早彼のものではなかったとパスコーはいう。そして，武士道の古典の一つとして，葉隠に触れる。パスコーの問題意識は，主君と家臣それぞれの考え方の間に相違がある場合に，家臣はいかに振舞うべきかという点にある。彼が葉隠を取り上げるのは，そうした場合の家臣のあるべき姿が，明瞭に示されているからであろう。すなわち葉隠によれば，家臣の義務は主君の行動を変えるよう努めることである。そして，主君が嫌がることであろうとも，それをなさないようであれば，その家臣は忠義を全うしたことにならないのである。さらにパスコーは，剣の達人にして，禅の指導者でもあった柳生宗則の次のような言葉も紹介している。すなわち，「主君の過ちは主君ではなく，家臣の過ちである」と。しかし，果たして家臣にそれだけのことを求めるのは正しいのだろうか。

　ではここからは，葉隠の解説書を参考にみていこう。小池（1999）によれば，葉隠は佐賀藩鍋島家の二人の藩士による共同作業として成立した。その二人とは，山本神右衛門常朝（1659-1719）と田代又左衛門陣基（1678-1748）を指している。「主として佐賀藩鍋島家につたわる歴代の事績や，武士としての心構え，武家社会の習俗などについて常朝が語り，その内容を田代陣基が書きとめ，整理したものが『葉隠』」（37頁）である。先の赤穂事件と同様に，この葉隠も，戦国時代から約1世紀を経て，太平の世となった当時の日本社会を背景としている。従って当時の武士は，戦闘集団の成員たる武人というよりは，「御家」（組織）に仕える奉公人という様相を呈しつつあった。小池（1999）によれば，戦国遺風の「武士道」を範としつつも，新たな状況に即応する武士のあり方が求められていたのだといえる。山本常朝はこのような状況下において，「戦時

の武士道を換骨奪胎し，これを平時（治世）の『奉公人』道へと鋳直したのである」(151頁)。そして，山本常朝の日本思想史上における意義は，まさにここにあると小池（1999）はいうのである。

奉公人とは，御家つまり組織に貢献するフォロワーを指している。戦国時代の主従関係においては，忠誠の矛先は専ら主君に向けられていた。それは，日本が乱れ，統治組織が定まらなかったからではないかと思われる。しかし，江戸時代に入り，日本が安定し，統治組織としての藩が定まり，御家意識が醸成されるのに伴い，武士が組織人へと変容するのは必然であった。そして組織人たる奉公人にとっての最高の忠節は，主君に諫言して藩という国家を立派に治めることだったのである（小池，1999；奈良本訳編，2010）。この点こそが，パスコーの注目した点であった。主君が過ちを犯しそうなときに，家臣は主君の行動を変えるように努めなければならないのである。ではなぜ，家臣はこのように主君を諫めることができるのか。それは，組織的視座が強まる時代にあって，主君でさえもが，藩という組織の一構成要素に過ぎなくなってしまったからである。忠誠対象は主君（個人）から御国家（組織）へと推移したのだといえる（小池，1999）。

さて，笠谷（2016）によれば，諫言とは家老の職権の一つであり，諫言が主君によって受け入れられない場合には，非常措置として主君を「押込」，すなわち監禁する場合もあった。従って，諫言が可能である家老になることが最高の奉公とされたのである。小池（1999）によれば，葉隠においては「志の諫言」こそが，「奉公人道の大動脈」(278頁)である。常朝によれば，「志の諫言」とは他の人々に知られぬように，主君と二人だけのときにするものである。諫言はあくまでも「ひそかに」なされなければならない。誰が諫言したのかがわかるようではいけない。また，主君に対して，道理を説いて諫言するのもよくない。そもそも，諫という言葉にはすでに私が含まれているとさえいうのである（中野将監の言葉が引用されている）。

それ故，常朝は忠誠を意識すること自体を戒めていた。忠誠を意識するがゆえに，報いられなかったときには，それが不満に変わってしまうのである。忠

も孝も考える必要はない。武士道においては死に物狂いだけがあるのであって，そのなかにこそ，忠も孝も自然に含まれているというのである（奈良本訳編，2010）。従って，先の赤穂事件についても，常朝は義士たちを批判する。討ち入りまでに時間をかけすぎているというのである。もし，吉良上野介が討ち入りまでに死んでしまっていたらどうしたのかと（小池，1999）。常朝には，義士たちが忠を意識するがあまり，時間がかかってしまったように感じられたのかもしれない。そして，常朝にすれば，それは偽りの忠として映ったのであろう。

　さて，こうした常朝の思想を，小池（1999）は「没我的献身論」と呼ぶ。そして，常朝の論をもって近世武士一般のモデルとみなすことには慎重でなければならないというのである。果たして，常朝の描く武士のあり方は没我的献身なのであろうか。笠谷（2016）によれば，葉隠では，「個」としての武士の完成を要求している。「それは『御家を一人して荷い申す志』というものを，常に胸のうちに蔵しているような能動的で，自我意識の強烈な『個』としての武士である。そして主君に対する忠誠の問題は，このように完成された『個』としての武士の，主体的で能動的な自己滅却として捉えられていた」（114頁）と笠谷はいう。葉隠における奉公人の行動は，内発的なのか，それとも外発的なのか。先と同じ疑問がここでもまた，生じてくる。先の議論と併せて，後ほど改めて考えてみたい。

2　日本的フォロワーシップと忠誠心

　これまで，赤穂事件と葉隠を取り上げ，日本におけるフォロワーシップについて考えてきた。赤穂事件では，義士たちの行動が主君や藩に対する忠義を反映したものであるか否かが問われていた。また葉隠でも，主君に対する情誼的な態度に端を発した没我的な忠誠心が称揚されていた。どうやら，日本的フォロワーシップにおいては忠誠心が重要な態度のようである。本節では，この忠誠心について考えてみたい。

第4章　日本におけるフォロワーシップ

1　忠誠心

　冒頭で紹介したロバート・ケリーはその著『指導力革命：リーダーシップからフォロワーシップへ』において，フォロワーの七つの道を紹介するなかで，ロイヤリスト（Loyalist：忠臣）という道を取り上げ，次のように述べている。「強い忠誠心といえばなんといっても日本のサムライである。武士道の根幹を成す最も重要なもので，武士道の最たる特徴，それが忠誠心だ」と（Kelley, 1992／邦訳，71頁）。忠誠心や忠誠的な態度は，人類共通の態度である。しかし，西洋人の目から見ると，日本人，特に武士の忠誠心は何よりも強いと映るのであろう。それでは忠誠とは現在，どのように定義づけられているのであろうか。政治学者である田口富久治は次のように述べている。

　　一般的には自我を超えた客観的な大義名分や理念，または自我の属する上
　　級者，集団，制度などに対する愛着・傾倒の感情・態度をいう。この感情
　　がもたらすものは，忠誠の対象を相対的に長期的に喜んで支持し，そのた
　　めに行動することであり，ある程度の道徳的・感情的・物質的犠牲を払う
　　ことをいとわないという態度である（田口，1994，529頁）。

　この定義からも明らかなように，忠誠の対象は様々である。前節でみたように，江戸時代も中ごろになると，忠誠の対象は主君から御家へと移行していく。また，平和な時代における武士の行動規範を示す道徳として，儒教の理想社会に合わせて武士道が体系化されたのだとすれば（田中，1991），武士道という「理念」に対する忠誠的態度も可能となる。そして，これらを喜んで支持し，そのために行動する一方で，自己犠牲を払うことをいとわないという点が重要である。この点が，前述した没我の精神に他ならない。忠誠心において，その対象に対する能動的な支持と自己犠牲は一体であることが理解できる。それは滅私奉公という，よく知られた言葉にも如実に表れている。三戸（1981）によれば，忠孝とは滅私奉公の別称である。

　しかし，現代の日本社会において，忠誠心をこのように捉えている人はそう

95

多くはないのではないか。例えば，内山（1997）は，「忠誠心という言葉は，ある対象に愛着を抱き忠誠を尽くすといった意味合いから，ストレートで一方的な愛他主義を連想させる場合もある」（35頁）という。確かに，一方的な愛他主義と自己犠牲は少しそぐわないように思われる。なぜなら，一方的な愛他主義が自己を犠牲にした態度とは思えないからである。むしろそれは，自己満足を想起させる。また，平木（1996）もいうように，忠誠心とは上からの命令に忠実に従うといった意味に受け取られることがあるため，「誰かに忠誠心を持つことは自主性をなくすことと考えられるかもしれない」（61頁）。つまりここには，対象を能動的に支持する主体が存在しないということになる。この点は，先の田原（2000）と符合する。このように，現実の忠誠心は，複雑で多面的な要素を秘めており（内山，1997），極めてパラドクシカル（逆説的）なのである（平木，1996）。

　また平木（1996）は忠誠心を，本来は個人がある対象に向ける積極的態度として，その個人の自主性を認めたうえで，「一見自発的とも見えるその姿勢の裏には，そうせざるを得ない故の自発性，あるいは集団による見えないコントロールが垣間見える」（61頁）と述べている。もしそうであるとしたら，本来的な意味でそれは自発的，換言すれば，内発的な態度とはいえないことになる。それはいわゆる外発的，すなわち，強要された態度であるということになろう。事実，平木自身も後に，ある個人が忠誠を尽くすのは，「グループからの強制，仲間からの承認，恩義，結束などの理由」（64頁）があることによると述べている。

　つまり例えば，以前に忠誠の対象から恩を施されたという理由から，その対象に従うということである。しかしこの点については，様々な意見がある。例えば土田（1999）は，このような恩と忠誠との関係を，ある種の相互的功利的な関係としてとらえる考えもあることを認めながらも，これを功利的といってしまえば，全てが功利的関係になるとして，こうした考え方を否定する。その一方で内山（1997）は，忠誠心は，「個人と帰属するグループとの間に双務的な関係（ギブ・アンド・テイク）が存在することによって，初めて十分に機能

する」（24頁）と述べており，忠誠心の外発性を示唆する。この点は，平山（1995）においても同様で，「日本の主従関係の特徴は，無条件の滅私奉公ではなく，主従がお互いに相手の意向や期待を敏感に察知して，義務付けられていなくても自発的に相手のためになることを行うことを理想とするものである」（113頁）が，結局のところ「滅私奉公が実現するのは，それにふさわしい見返りが期待される限りにおいてである」（114頁）と述べている。

　さらに，Felten（2011）は「囚人のジレンマ」と呼ばれるゲーム理論を用いて，忠誠心の有する逆説性を論じている。このゲームにおける二人の囚人にとって，個々人が採用すべき合理的選択は相手を裏切ることである。しかし，このゲームを何回か繰り返し行った場合，最も成果を上げるのは，最初のゲームで相手を裏切らなかった囚人なのだという。つまり，目先の欲に目がくらんでしまった囚人は，将来的に大きな利益を得ることができなくなるのである。言い換えれば，合理的な選択よりも不合理な選択の方が長期的に見た場合，望ましいということであり，ここにある種の逆説性が垣間みられる。また同時に，忠誠心は不合理な選択をもたらしはするが，長期的にみれば望ましい態度であるということをも示唆している。そもそも，相棒を裏切ることに抵抗を感じない人間はあまりいないとも，フェルテンはいう。要は，自らの忠誠心に素直に従っておけば間違いないということなのだろうか。しかし，フェルテンの議論からも忠誠心が内発的なのか，外発的なのかは定かではない。フェルテンは忠誠心が極めて感情的な態度であると述べてはいるものの，結局のところ，囚人が相棒を裏切らないのは，出獄した後の仕返しやギャング界での評判を気にするからではないかとも述べており，これらの要因が外的なものであることを考えれば，フェルテンのなかでも整然とは整理されていないことが伺われるのである。

　では次に，Felten（2011）から示唆される，忠誠心の機能について整理しておこう。フェルテンによれば，忠誠心は士気および生産性を格段に高める。例えば，武力や規模において勝る敵と戦ったとしても，忠誠心において勝っていれば勝利することができるというのである。また，忠誠心は社会や集団内のコ

ストを低下させる。忠誠心によって，責任をもって関与するメンバーは，明文化されていない取り決めについても自分の務めを果たすのである。従って，こうしたコミットメントがあてにならない社会や集団では，費用がかかり効率が悪くなるだろうとフェルテンはいう。この考え方は，近年取り上げられることの多い，心理的契約や組織市民行動といった概念に通じるといえるだろう。

　最後に，忠誠心はその個人のアイデンティティを形成し，維持し，強化する。この点についてフェルテンは興味深い説明を行っている。まず，消費者によるブランド・ロイヤルティという側面について言及するなかで，「ブランドを選び，使い続けることには，自分が何者であるかを表明するという一面がある」（邦訳，189頁）と述べている。また，キリスト教の創始者であるイエスとその弟子ペテロのエピソードから，ペテロがイエスの弟子であることを3回否定したことによって，自らのアイデンティティを喪失することになったと説明している。これらの事例はいずれも，対象に対する忠誠がその個人のアイデンティティを構成していることを物語っている。

　以上，忠誠心について考えてきた。忠誠心が内発的，自発的な態度であるか否か，また，功利的な態度であるか否かなど，これまでの議論からは明瞭に捉えることが困難であることが理解できた。ただ一ついえることは，忠誠を尽くすという態度は，ある種の倫理規範であり，道徳的態度であるということである。そしてそれは，土田（1999）もいうように，美意識と強く結びついている。しかし，こうした態度は初めから我々に備わっているとは考えにくい。幼いころからのしつけや教育，また，平木（1996）のいうような集団内での様々な経験，さらには，忠誠の対象から施される恩など，様々な要因が作用して忠誠的態度は形成されるように思われる。

　例えば内山（1997）は，忠誠心を説明するなかで，次のように述べている。「外部からのうるさい規則や強制力のある規定によって人々がやむなくそれに従うといったことではなく，いわばその社会文化に内部化されている倫理的な習慣とかお互いへの義務感といったものが，日常生活のなかでごく自然に彼らの心を動かしている」（24頁）と。つまり，忠誠心は社会に内面化されている

心の習慣なのである。だからこそ，忠誠的行動の遂行が自然に感じられるのである。

　ただ，繰り返すようであるが，このように自然な態度になるには，長い年月と何がしかの社会的作用が必要であるに違いない。そういう意味では，自動化されている行動なのではあるが，そもそも「自動化されている」という表現のなかに他律性が含まれているということを忘れてはならない。純粋に内発的な行動があり得るのかはともかく，功利的な行動には，外的な理由が明確に存在するが，規範的な行動には，そうした外的な理由が顕在的ではない。しかし，実際は時空を隔てた理由が存在しており，間接的かつ潜在的に作用しているということなのかもしれない。我々は忠誠心が自然発生的に生まれてくることを望んでいるのかもしれないが，「そのような心はそれを育む努力をしなければ花開くことはない（Felten, 2011／邦訳，248頁）」のである。

2　日本人労働者の忠誠心

　フェルテンもいうように，忠誠心は好ましい成果をもたらす可能性が高い。しかし，このような逆説的で複雑な態度は，組織にとっては好ましいかもしれないが，個人にとってはそう好ましくもないように思われる。この点については後ほど議論することとして，その前に，そもそもこうした忠誠心，つまり武士道の精神が，ケリーのいうように今も息づいているのか否かについて考えてみたい。そして，そもそもこの武士道が当時の日本社会全体に，どれほどのインパクトを有していたのか，ということについても考えておく必要がある。もし武士階級に限定的な精神であったとすれば，それほど議論する必要もないように思われるからである。

　そこでまずここでは，ロバート・ベラーによる優れた洞察を参考に検討しておこう。ロバート・ベラーは西洋以外の国で唯一日本が近代化に成功した理由を，徳川時代の文化的伝統に求めようとしたアメリカの社会学者である（Bellar, 1984）。彼によれば，当時の日本においては忠誠が第一の美徳であった。そして，それをもっともよく表しているのが武士階級なのである。ただそうは

いうものの，徳川末期には，これらの諸価値は，すべての階級の間に完全に一般化されることになった。ベラーは，武士道，つまり武士の生き方が，徳川時代あるいは近代日本の価値および倫理のいかなる研究においても，特に大切にされていることを示したうえで，それは「武士，あるいは士が中心的な日本の価値を体現し，あるいは体現していると信じられていたから」（同，183頁）であると述べている。さらに続けて「事実，武士道の倫理が徳川時代および近代において国民倫理となり，あるいはすくなくとも国民倫理の大部分を占めていた」（邦訳，183頁）とも述べているのである。

　こうしたベラーの見解に基づくのであれば，忠誠心が武士階級に限定的な精神ではなかったことが理解できる。さてところで，ベラーは忠誠心の自発性についてはどのように論じているのであろうか。ベラーも，日本における忠誠は，たんなる受動的な献身ではなく，能動的な奉仕と遂行を指すとしている。また，非常に多くの場合，服従は自発的であったとして，忠誠心の積極性および自発性を強調していることも併せて紹介しておきたい。

　さて，ベラーの言説から，忠誠心が武士階級に特徴的な態度であったこと，そして，その態度が他の階級にも広がり，国民としての態度ないしは精神として一般化したことが理解できた。では，こうした精神は今もなお日本社会に受け継がれているのであろうか。

　阿部（1992）によれば，明治初期の日本は，国体を一種の擬似宗教的な権威として，国民の忠誠心の対象とするシステムを作り上げた。ここで国体とは，天皇を中心とする政体を意味している。それまでの士農工商と呼ばれる階級は解体され，今度は，個々人が近代国家の一メンバーとして，天皇を中心とする国体に忠誠心を捧げることとなったのである。

　こうした近代化のプロセスは，民主主義を確立し，その目標を忠誠心の対象としたフランスやアメリカとは異なっていたと安部（1992）はいう。だからこそ，これまでの議論から明らかなように，明治期においては，日本人の基本的な態度はそれほど大きくは変化しなかったように思われる。大きな変化は第二次世界大戦によってもたらされた。それは，国体の権威が失墜したからである。

第4章　日本におけるフォロワーシップ

阿部 (1992) によれば，「忠誠心なりコミットメントなりが，社会において個人を拘束し，支配し，行動に赴かせるためには，それらが向けられる権威に聖なるものとしての認識が付与されていなければならない」(112頁)。敗戦は，国体の権威からその聖なるものを奪ってしまったといえる。

そこで戦後，特にサラリーマンにとっては国体の権威は会社の権威に取って代わられた。しかし，会社は，利益追求団体であって，公的な倫理の維持を主たる目的とする団体ではない。従って，会社が公的性格をもたなければ，忠誠心はわが国の社会倫理として復活することはないと，安部はいうのである。すなわち，現代日本人の忠誠心が，近世までの日本人が抱いていたような，ある意味画一的で強固なものではなく，個々人がそれぞれ所属している団体に対して抱く部分的な態度になってしまったということなのであろう。戦後においては企業のみが，唯一日本人労働者の忠誠心を集める対象となったということなのである。しかし，繰り返し述べるように，公的性格のみを有しているというわけではない企業に対する忠誠は，幾分不完全で，複雑でしかも弱い態度とならざるを得ない。

事実，近年の統計データはそれを裏づけている。ワークエンゲージメントに関する世界的な調査において，日本のスコアは極めて低い。それは，バブル経済がはじけた後の，いわゆる「失われた20年」の名残によるものなのかもしれない。しかし，高度経済成長期でさえも，日本人労働者の忠誠心がそれほどには強くなかったことが伺える。図は，「世界青年意識調査」の結果である。内閣府が1972年以来5年おきに行っている調査で，各国青年の各生活領域や人生観等についての意識を調べ比較することによって，わが国青年の問題状況を的確に把握することを目的としている。図4-1は転職経験に関する1972年の調査結果を示している。図をみてわかるように，日本の場合1度も転職しなかった人の割合は45.0％と11カ国中1位である。つまり，日本人労働者の企業定着度は相当に高いといえるのである。従って，国際的にみて，高度経済成長期末期の日本人労働者の企業に対する忠誠心は強かったと推測される。

しかし，図4-2をみてみると，その解釈が疑わしく思えてくる。職場生活

101

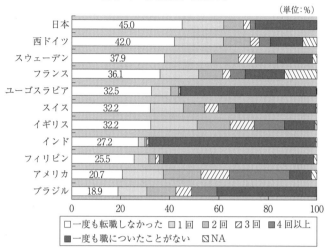

図4-1 転職経験（1972年）

（出典）総理府青少年対策本部編（1973）。

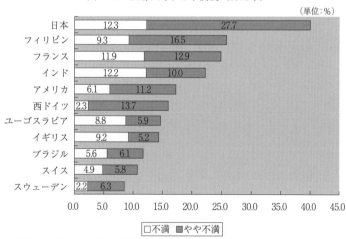

図4-2 職場に対する不満度（1972年）

（出典）総理府青少年対策本部編（1973）をもとに筆者作成。

に対する満足度について調査した，同じく1972年の結果である。不満とやや不満だけを取り出して，グラフ化したものであるが，合計値が40％と，11カ国中飛びぬけて高いという結果になっている。果たして，この結果から，日本人労働者の忠誠心が高いといえるだろうか。

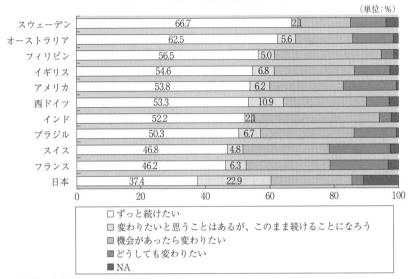

図4-3 職場への定着意識（1977年）

（出典）総理府青少年対策本部編（1978）。

では次に，日本人労働者の複雑な忠誠心を反映していると思われるデータをみてみよう。職場への定着意識を問う調査である。日本的経営が世界中から脚光を浴び始めた1977年のデータであるが，回答選択肢がとてもユニークなため取り上げることにした。

図4-3をみればわかるように，非常にユニークな問い方がなされている。「あなたは，今の職場で今後もずっと続けて働きたいと思いますか。それとも，変わりたいと思いますか」と尋ね，「ずっと続けたい」「変わりたいと思うことはあるが，このまま続けることになろう」「機会があったら変わりたい」「どうしても変わりたい」といった四つの選択肢のなかから一つだけを選ぶように指示している。

それでは結果についてみてみよう。「続けたい」および「続けることになろう」と回答した人の割合を合算してみると，60.3%で11カ国中6番目となり，特に特徴があるようにはみえない。しかし，それぞれの回答を個別にみると，際立った特徴が浮き彫りになる。まず，「続けたい」と回答した日本人の割合

は37.4％と11カ国中最も低い。逆に，「続けることになろう」と回答した人の割合は22.9％と最も高く，2位の西ドイツ（10.9％）を大きく引き離しているのである。また「機会があったら変わりたい」と「どうしても変わりたい」と回答した人の割合は，29.0％とスウェーデン（27.4％）についで低かった。

　これらのデータから読み取れるのは，日本人労働者の転職意欲が必ずしも高くないということである。むしろ低いといった方がいいだろう。報告書においても述べられているとおり，わが国の場合は，積極的な定着意識・転職意識を持っている労働者は少なく，消極的な定着意識を有している労働者が多いのである。職場生活に対してはあまり満足していないにもかかわらず，転職したいという欲求はそれほどには強くないといえる。

　そしてなんといっても注目すべきは，「変わりたいと思うことはあるが，このまま続けることになろう」という回答選択肢であろう。この回答には，変わりたいという欲求があるにもかかわらず，それを封じ込め留まり続けることになるだろうという，ジレンマを抱えた他律的な態度が反映されている。この回答からは，日本人労働者の忠誠心が強いとは到底感じられない。また，忠誠心があったとしても，それが自律的で内発的なものとも思えない。かつて日本的経営を世界に広めた欧米人研究者アベグレンは，日本企業が従業員を解雇しない一方で，従業員も自ら転職することはしないとして，次のように述べている。「やめることによって経済的利益が得られることがわかっていても，彼はきっとその会社の雇用にとどまることを余儀なくされる」（Abegglen, 1958／邦訳，25頁，傍点筆者）と。このように，高度経済成長期および日本的経営が脚光を浴びていた時代にあっても，日本人労働者の組織に対する忠誠心は，決して強いとはいえなかったし，極めて複雑な様相を呈していたのである。

　ちなみに，筆者は2016年，上司を有する1000人の日本人労働者を対象に，全く同じ回答選択肢を設けて，WEB調査を実施した（『日本経済新聞』朝刊「経営の視点」〔2018年1月29日付〕でも取り上げられた）。その結果が図4-4である。「世界青年意識調査」の対象者は18歳から24歳までの青年であるが，筆者の調査では18歳から21歳までの青年を対象に含めることができなかった。従って少

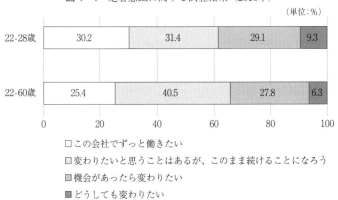

図4-4 定着意識に関する調査結果（2016年）

しでも内閣府の調査対象者に近づけるため，22歳から28歳までの青年だけを抽出して分析を行っている（上部）。対象者の平均年齢は26.0歳であった。下のグラフは22歳から60歳までを対象とした結果である。平均年齢は39.2歳であった。図をみてわかるように，「続けることになろう」と回答した労働者の割合は，どちらも30％を超えている。年齢構成が異なるので単純に比較はできないものの，1977年からこうした傾向は変わっていないか，もしくは顕著になっていると考えてよいのではないだろうか。すなわち，21世紀になっても，日本人労働者の組織に対する忠誠心は依然として，複雑で脆弱なままなのである。これらの結果を踏まえるなら，ケリーのいうように，今も現代日本に武士道の精神が連綿と息づいているとはいえそうにない。戦後我々の心理構造にどのような変化が生じたのであろうか。

　阿部（1992）もいうように，第二次世界大戦で敗戦したことによって，この国は大きな転換期を迎えることになった。それまでの全体主義は見直され，新たな日本国憲法によって基本的人権や法の下での平等が保障されるようになったのである。そして何より，我々一人一人は「個人」として尊重されるようになった。憲法13条にはこうある。「すべて国民は，個人として尊重される。生命，自由及び幸福追求に対する国民の権利については，公共の福祉に反しない限り，立法その他の国政の上で，最大の尊重を必要とする」と。民主主義の実

現や個性重視の教育も手伝って，日本人にとって西洋流の近代的自我の確立する契機が訪れたのだといえる。しかし，民主主義にしても，憲法にしても，それは我々が獲得したというよりも，与えられたという側面の方が強い。ここに近代的自我の確立されない理由がある。現に，2016年時点の日本においては，憲法改正の動きが活発化している。そしてそのような状況下で，自民党によって考えられている改憲草案では，先に取り上げた憲法13条の「個人」の文言が「人」に改められようとしているのである。理由は，13条が個人主義を助長してきた可能性があるからだという（『朝日新聞』2016年3月4日付朝刊）。恐らく，戦後の日本人はこのようなジレンマを抱えたまま生きてきたのではないか。それは現代日本人の心のなかにある，二つの我を明瞭に浮かび上がらせる。

　西洋流の近代的自我は行動や思惟の主体であり，意識を司る。他者からは独立しており，それゆえに，他者（環境）を客観的に観ることができる。また，自らを他者とは異なる存在として認識するがゆえに，他者との違いを表明することができる。それは，他者を批判することであり，ロゴス（言語）によってそれをなそうとする。しかし，これまでみてきた武士道の精神は，こうした近代的自我の精神と相容れない。主従の関係でいうなら，家臣は主君との一体性を重視し，主君から独立した自我をもとうとはしない。家老になると諫言することは可能だが，頻繁に行われるわけではないし，葉隠によれば，ロゴスによる論理的な諫言は許されない。もし，少しでも武士道の精神が我々のなかに残っているのだとすれば，現代日本人は近代的自我との相克に苛まれているのではないか。

3　観従二我理論

　それではここで，本章の議論を総括するために，改めて我々の内にある心理構造について考えてみることにしよう。本章では，武士道の精神として忠誠心について考察を続けてきた。忠誠とは，その対象を能動的に支持すると同時に，自己を滅却することであった。しかし，ここに矛盾が生じる。忠誠に，自己の

第4章 日本におけるフォロワーシップ

減却が必要であるなら，その対象を能動的に支持する主体は何か。自己が失われている状態で，支持することができるのだろうか。フォロワーシップについて考えていると，このような二重性を孕んだ表現に出くわすことが多い。例えば前述したように，Uhl-Bien *et al.*（2014）においても，「フォロワーシップは影響を与えられることを自らに許すことを含んでいる」（83頁）というような表現が登場する。ここでも，自らに許す主体が別に存在することを示唆している。精神医学者である木村（2008）によれば，「自」という言葉には，「おのずから」という意味と，「みずから」という意味が備わっている。そして「『おのずから』が，主体の営為が加わらないで，ものごとがひとりでに生成存在することであるのに対して，『みずから』は主体の側の自主的な能動的行為に関していわれる」（27頁）として，これは一見正反対の事態を一つの文字で表しているようにみえるという。すなわち，自我や自己を捉える際に，自生的な領域と能動的な領域といった二つの領域を想定する必要があることを示唆している。

　こうした考え方は，近年の認知神経科学や認知心理学研究などで明らかにされてきた二重過程モデル（Stanovich, 2004）とも符合する。ノーベル経済学賞を受賞したダニエル・カーネマンによれば，脳のなかには，二つのシステムが存在する。彼はそれらをシステム1，システム2と呼んでいる。彼によれば，「システム1は自動的に高速で働き，努力はまったく不要か，必要であってもわずかである。また，自分の方からコントロールしている感覚は一切ない。」そして「システム2は，複雑な計算など頭を使わなければできない困難な知的活動にしかるべき注意を割り当てる。システム2の働きは代理，選択，集中などの主観的経験と関連付けられることが多い」（Kahneman, 2011／邦訳，32頁）。すなわち，システム1は「おのづから」に，システム2は「みずから」に対応している。

　これらの名づけ親と言われる Stanovich（2004）は，システム1を TASS（The autonomous of system）とも呼んでいる。この呼称はシステム1の機能をうまく言い表しているといえる。つまり，TASS はみずからの活動の引き金となる刺激に反応して，自律的に働くからである。従って，TASS の古典的実例

107

として反射運動が取り上げられる。スタノヴィッチによれば、「反射運動の存在はまた、心的生活を完全に制御しているように見える『私』が、じつは思ったほど制御していないこと」（邦訳、55頁）を示している。また、TASS はこのような生来的に人間に備わっている単純反射のシステムだけを含んでいるのではない。何度も習練を繰り返した結果、自動的に実行されるようになった後天的なプロセスをも含んでいる。まさにこれまで本章で論じてきた、忠誠的行動もこのなかに含まれると考えてよいだろう。前述したように、忠誠的行動とは、自動化された行動だからである。

　そこでここでは、「おのづから」の我を「従う我（従我）」「自ら」の我を「観る我（観我）」と呼ぶことにしよう。「従我」は応じる我であり、自動的に動く我である。前章で取り上げたサイモンの議論を思い出して欲しい。兵士は習練によって反射機能を形成する。まさに、特定の状況に自動的に反応するように鍛錬を積むのである。そこには「観我」が働く余地はない。否、働いてはいけないのである*。また、「従我」＝自動的に動く我は、自律的に活動している身体内部の内臓器官などにも当てはまる。一方の「観我」は、制御する我であり、能動的に働きかける我である。従我を促進する我であり、止める我でもある。カーネマンもいうように、システム2の仕事の一つは、システム1の衝動を抑えることなのである。

　　*　サイモンもいうように、自らの内に反射機能（従我）を形成することを選択するのは兵士自身であり、ここでいう観我である。しかし、一度反射機能が形成されれば、観我は働かない。

　この点は、ベンジャミン・リベットの脳科学実験結果とも符合する。その脳科学実験とは、1980年代になされた。ここでは、その詳細には触れず、実験結果と彼の仮説について述べるにとどめる。彼の実験結果によると、人間の行動は自らが開始を意識する前に、すでに脳内によって準備されているというものであった。人間は、脳内部で始発された行動に後で気づくだけだというのである。つまり、我々はすでに無意識のうちに始発されている行動を、あたかも自らの意識（意志）で開始しているかのように錯覚しているのである。ここで、

第4章　日本におけるフォロワーシップ

人間の自由意志の問題が生じてくる。人間はただ，脳内プロセスによって生じる行動を受け入れるだけの受動的な存在なのか，という問題である。そのことについてリベットは人間が行動開始を自覚して，行動が生じるわずかの間に，それを止めることができるという。そこに人間の自由意志が存在するというのである（深尾，2004）。

　リベットによる一連の実験と解釈および仮説は，今もなお論争の的となっている。しかし，もし彼の仮説が正しいとすれば，従我と観我の二重性がうまく説明できるように思われる。すなわち，従我とは，行動を始発する主体としての脳であり，意識されないという意味においては無意識と呼んでもいいのかもしれない。自己にとっては知らないうちに始発する行動であり，まさに他者による行動ともいえる。しかし，この始発された行動は，意識によってとどめることが可能である。それが観我であり，自由意志の源泉ともいえる。ちなみに，この実験の被験者の脳に活動を準備させたのは何だったのだろう。深尾（2004）はそれを「場の強制力」といっている。そもそも，被験者は実験者から教示を受けなければ，行動を起こさなかったであろう。実験者からの指示が行動を始発させているのである。すなわち，被験者の従我が実験者の指示に反応したのだといえる。この点は，ミルグラムの実験結果とも符合する。

　我々にとっては，従うことがデフォルトなのである。それは前章で取り上げた，ミラーニューロン研究によっても明らかである。例えば，我々が新生児期に言語を習得できるのはなぜだろうか。それは，我々に他者の発話音声を再現する能力があるからである。それには感覚と運動を統合する能力が必要となる。まさにミラーニューロンシステム（MNS）とは，感覚─運動統合の神経機構なのである（今福，2015）。そこに観我は機能していない。感覚は運動へと直結している。つまりイアコボーニもいうように，ミラーニューロンは我々にそうとは気づかないまま，自動的に模倣を行わせている（Iacoboni, 2008）。我々は，知らないうちに，他者に従っているのである。

　ではここで，これまでの議論を振り返ってみよう。忠誠とは，能動的支持と自己滅却とが一体化した態度であった。二我理論を当てはめて考えるなら，幼

109

少時からの躾や教育によって主君や御家に対する能動的支持が刷り込まれ，従う我が形成されるのであろう。武士は状況に応じて自動的に反応できる，従我を有していなければならないのである。しかし，葉隠にあるように，それを意識してはいけない。諫言をするにしても，それを意識しているうちは，私が出てしまっている。すなわち，観我は多くの場合滅却されている（ただみえないだけなのだが）。この点は，Uhl-Bien *et al.*（2014）とは異なる。彼らは，リーダーの影響力を受け入れることを自らに許すという。これは，観我が従我に許すということを意味している。やはり，西洋において観我は重要なのである。観我が強固に確立しているためにリーダーと自らが異なる存在であるという意識が相当に強く働くのかもしれない。それ故，従我に対して許すというプロセスが必要となるのである。

　では，葉隠では盲目的服従を求めているのであろうか。この点については，『菊と刀』の著者である Benedict（1967）の議論を参考に考えてみたい。ベネディクト（1967）は日本人の能力開発における自己訓練について触れるなかで，芸道や武道だけでなく，世俗的な生活においても，日本人は「無我」を追求すると述べる。ここで無我の境地とは，「意志と行動との間に『髪の毛一筋ほどの隙間も無い』ときの体験」（邦訳，272頁）を指す。練達の域に達した者には，この無我の境地が訪れる。しかし，練達の域に達しない人々の場合には，意志と行動との間にいわば一種の絶縁壁が立ちはだかると彼女はいう。そして，日本人はこの障壁を「観る我」「妨げる我」と呼ぶと紹介している。ベネディクトによれば，「特別な訓練によってこの障壁が取り除かれたときに達人は『いま私がしている』という意識を全然もたないようになる」（邦訳，272頁）のである。「観る我」が排除されると，人は我を失う，すなわち，もはや自己の行為の傍観者ではなくなるのである。では，なぜ練達の域に達しない人々には，観我が生じてしまうのであろうか。それは意識が目覚めるからであるとベネディクトは禅仏教研究の泰斗，鈴木大拙の言葉を借りていう。「意識が目覚めるや否や，意志は行為者と傍観者との二つに分裂する。そして必ず矛盾相克が起こる」（原著，p.247；邦訳，286頁）というのである*。

＊　ベネディクトは Eliot （1969, p. 401）にある鈴木（Suzuki, 1927, p. 119）の言葉を引用
している。

　この点については，京都学派の始祖といわれる西田幾多郎も同様のことを論
じている。西田（1950）は，芸において熟達すれば，初めは意識的であったも
のが無意識になるという。西田によれば無意識とは，動機の衝突のない状態を
指している。芸には一つの体系がある。体系的な統一を必要とする。しかし，
訓練を始めたばかりの初心者には，体系的統一を実現することは難しく，様々
な矛盾や衝突を生じさせてしまう。そこに，意識が表れると西田はいうのであ
る。このことは，鈴木のいう意識が目覚めるや否や，矛盾相克が起こるという
言説と符合する。

　どうやら意識は自己を二つの我に分断してしまうようである。すなわち，従
我と観我である。日本人は，この観我を失うことを本望とする。そしてそのと
き，従我も消えている。無我の境地とは，本来の自己が実現された状態を指す
のであろう。しかし，米国人にはそのような傾向はみられない。なぜなら，ベ
ネディクト（1967）によれば「アメリカ人は観る我を自己の内にある理性的原
理とみなし，危機に臨んでぬかりなくそれに注意を払いつつ行動することを誇
りとする」（邦訳，287頁）からである。アメリカ人にとって，観我が理性であ
り，その理性こそが個人の行動を統制する際に必要不可欠なものなのであろう。

　従って，葉隠における忠誠的態度とは，ただ観我を失うことをのみ求めてい
るのではない。観我と従我の統合を求めているのである。そのとき，観我は失
われているようにみえる。しかし，どこかで働いてはいるのである。それが，
一度何かが作用した時に，両者は分裂してしまい，相克が生じるのであろう。
西洋においては強固な観我によって，それを押さえ込もうとするが，日本にお
いては，強固な観我が確立していないために緊張状態が生じてしまう。現代日
本人の心理的葛藤はこの点に原因があるのかもしれない。いずれにしても，葉
隠における没我的精神とは，決して，主体性のない忠誠心などではない。また，
笠谷のいうような，主体的で能動的な自己滅却でもない。それは，観我と従我
が統合された末に生じた超越的主体性なのである。こうした意味においては，

内発性や外発性といった二律背反的な捉え方では，理解することはできないのかもしれない。もっといえば，そもそも「理解」という概念さえも当てはまらないのかもしれない。

　では，赤穂義士たちの行動はどのように解釈すればよいのであろうか。まず，討ち入りまでの時間を考えれば，田原のいうように，盲従の結果とは言い難いのではないか。主君に対する忠義の精神や武士道に対する帰依が強ければ，従我が暴走してもよさそうなものであるが，彼らは周到に時間をかけて計画を立てている。これは観我が機能していたことを物語っている。この点については田原も認めるところであろう。従って，彼らは，自らで主君の遺志を全うするという道を選択していることになる。ここに，観我と従我が一つとなり，超越的主体性が生じていると考えられるのである。主君の遺志が正しいか否かは，ここでは問題ではない。その判断を下すのは世間であり，歴史である。要は，赤穂義士たちに主体性が認められるのかどうかということである。というよりも，そこに主体性が生じていたのか否かということなのである。この点は，木村（2005）の論考が参考になるかもしれないが，ここではこれ以上立ち入らないことにする。今後の課題としておきたい。次章では，日本におけるフォロワーシップ行動を具体的に捉えてみたい。カーステンたちの論考を参考に，フォロワーシップの三次元モデルを提唱するつもりである。

参考文献

Abegglen, J. C., *The Japanese factory: Aspects of its social organization*, Free Press, 1958. （占部都美監訳『日本の経営』ダイヤモンド社，1958年）

阿部美哉「日本人の忠誠心とコミットメント」『知識』1，1992年，106-113。

Bellar, R. N., *Tokugawa Religion; The cultural roots of modern Japan*, Free Press, 1984. （池田昭訳『徳川時代の宗教』岩波文庫，1996年）

Benedict, R., *The chrysanthemum and the sword*, Houghton Miffilin Co., 1967. （長谷川松治訳『菊と刀』社会思想社，1967年）

Carsten, M. K., Harms, P. & M. Uhl-Bien, "Exploring historical perspectives of followership: The need for an expanded view of followers and the follower role," Lapierre, L. & Carsten, M. K. eds., *Followership: What is it and why do people follow?*,

第4章　日本におけるフォロワーシップ

Emerald Group Publishing Limited, 2014, 3-25.

Daisetsu, T. S., *Essays in Zen Buddhism*, Luzac and Company, 1927.

Eliot, C., *Japanese Buddhism*, Routledge & Kegan Paul LTD, 1969.

Felten, E., *Loyalty: The Vexing Virtue*, Simon & Schuster, 2011.（白川貴子訳『忠誠心，こ
のやっかいな美徳』早川書房，2011年）

深尾憲二朗「自己・意図・意識：ベンジャミン・リベットの実験と理論をめぐって」中村
雄二郎・木村敏編『講座・生命第7巻』河合出版，2004年，238-268。

平木典子「隠された親密さ：忠誠心」『現代のエスプリ　親密さの心理』12月号，1996年，
61-68。

平山朝治『イエ社会と個人主義：日本型組織原理の再検討』日本経済新聞社，1995年。

Iacoboni, M., *Mirroring People: The new science of how we connect with others*, Farrar,
Straus and Giroux, 2008.（塩原通緒訳『ミラーニューロンの発見：「物まね細胞」が明
かす驚きの脳科学』早川書房，2009年）

今福理博「乳児期における音声模倣のメカニズムとその発達過程」『京都大学大学院教育
学研究科紀要』61，2015年，229-241。

Kahneman, D., *Thinking, fast and slow*, Allen Lane, 2011.（村井章子訳『ファスト＆スロ
ー：あなたの意思はどのように決まるか？』早川書房，2012年）

笠谷和比古『士（サムライ）の思想：日本型組織と個人の自立』ちくま学芸文庫，2016年。

Kelley, R. E., *The power of followership*, Doubleday, 1992.（牧野昇監訳『指導力革命：リー
ダーシップからフォロワーシップへ』プレジデント社，1993年）

木村敏『あいだ』ちくま学芸文庫，2005年。

木村敏『自分ということ』ちくま学芸文庫，2008年。

岸田知子「五井蘭州『駁太宰純赤穂四十六士論』について」『中国研究集刊』48，2009年，
116-126。

小池喜明『葉隠：武士と「奉公」』講談社学術文庫，1999年。

三戸公「企業忠誠心：労使を貫く『家』の論理」『労働法』122，1981年，86-93。

奈良本辰也訳編『葉隠』三笠書房，2010年。

西田幾多郎『善の研究』岩波文庫，1950年。

Pascoe, B., "Followership and the samurai," *Journal of Leadership Studies*, 10(3), 2017, 54-
57.

Stanovich, K. E., *The robot's rebellion: Finding meaning in the age of Darwin*, University of
Chicago Press, 2004.（椋田直子訳『心は遺伝子の論理で決まるのか：二重過程モデルで
みるヒトの合理性』みすず書房，2008年）

Suzuki, D. T., *Essays in zen buddhism*, Luzac and Company, 1927.

田口富久治「忠誠」『日本大百科全書』小学館，1994年，529。

田原嗣郎「赤穂四十六士論をめぐる問題について」『敬和学園大学紀要』9，2000年，1-32。

田中佩刀「赤穂義士論に関する考察（上）：近世武士道論序説」『明治大学教養論集』191，1986年，23-43。

田中佩刀「赤穂義士論に関する考察（中）：近世武士道論序説」『明治大学教養論集』203，1987年，23-46。

田中佩刀「赤穂義士論に関する考察（下）：近世武士道論序説」『明治大学教養論集』242，1991年，75-118。

土田健次郎「忠誠心とは何か：儒学に学ぶ」『大倉山講演集』1999年，101-120。

内山隆「現代社会とビジネス忠誠心（上）」『経営学論集』8(2)，1997年，21-38。

Uhl-Bien, M., Riggio R. E., Lowe, K. B. & M. K. Carsten, "Followership theory: A review and research agenda," *The Leadership Quarterly*, 25, 2014, 83-104.

第 5 章

フォロワーシップ行動の三次元モデル

日本の労働者の活動力は，会社に対する忠誠心とか，彼の直属の監督者との親密な関係といったような要素によって強制されている

——アベグレン『日本の経営』より

　本章では，これまでの議論を踏まえて，フォロワーシップに関する実証的研究について検討する。特に，第3章で取り上げた役割理論アプローチに注目する。そのうえで，フォロワーシップ行動を特定化し，それらが労働成果や労働者個人の well-being に与える影響力を明らかにしてみたい。また，第4章の議論を踏まえて，日本的なフォロワーシップ行動についても検討する。これまでの役割理論アプローチでは，ケリーによる役割タイプ論が有名である。しかし，日本人労働者には当てはめにくいように思われる。そこで，本章では，ケリーのタイプ論を批判しながら，考察を加えていく。さらに，カーステンたちの研究を参考に，日本的フォロワーシップ行動の三次元モデルを提唱していくつもりである。

1　フォロワーのタイプ

1　三つのフォロワータイプもしくはフォロワー特性

　フォロワーシップ論のパイオニアと目されているだけあって，ケリーのタイプ論を分析枠組としている研究は数多い（Bjugstad *et al.*, 2006；Blanchard, Welbourne, Gilmore & Bullock, 2009；Kalkhoran, Naami & Beshlideh, 2013など）。しかし，そのタイプ論の妥当性を検証している研究はほとんどない。ケリーはフ

115

ォロワーシップを描写するに当たって，独自の批評的思考と積極的関与という特徴を用いるが，独自の批評的思考はフォロワーシップを描写するうえで，骨格となるような特徴といえるのであろうか。確かに，前章で論じたように，二我理論を用いて考えるなら，観我は批判機能を有した我である。また，近代的自我においては重要な要素であることも理解できる。この点は，チャレフも同様であり，彼のタイプ論でも批判が重要な特徴として取り上げられている。またカーステンたちも，こうした特徴に触れている。しかし，これも前章でみたように，日本人労働者にはあまり当てはまらないように思われる＊。例えばケリーは，独自の批評的思考に長けてはいるものの，積極的に関与できていないフォロワーを孤立型フォロワーと位置づける。そして，こうしたフォロワーは全フォロワーの15〜25％を占めるというのである。果たして，この数値は妥当であろうか。少なくとも，日本の職場を見渡す限り，この数値は大きすぎるように思われてならない。

＊　第4章で述べたように，武士社会においては批判機能を有した諫言が存在したものの，頻繁に用いられたとは思われないし，たとえ用いられたとしても，命がけであったはずである。

また，ケリーの説明にもあるように，独自の批評的思考という特徴には，自発的に考えるといった主体的側面が含まれているが，この点は，もう一つの特徴である積極的関与と重複してはいないだろうか。現に，カーステンたちのタイプ論では，プロアクティブなフォロワーにこうした特徴が備わっているとされており，これらのフォロワーはまさにケリーのいう，組織や仕事に最も積極的に関与しているフォロワーなのである。このことは，積極的関与と批評的思考という二つの特徴が近似していることを物語っており，こうした点からもケリーの提示する二軸の妥当性が疑われるのである。すなわち，この二つの特徴は明確には弁別不可能ということであり，もっといえば，批評的思考は積極的関与に含まれるべき特徴だということである。これらのことからも，役割タイプ論としては，カーステンたちの研究の方がより妥当であると判断せざるを得ない。

第5章　フォロワーシップ行動の三次元モデル

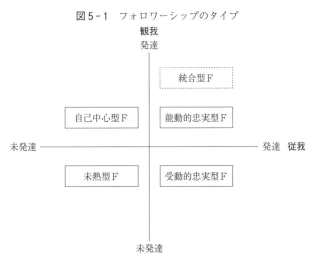

図5-1　フォロワーシップのタイプ

そこで今回は，カーステンたちの研究を参考にしながら，前章で取り上げた二我理論を用いて，フォロワーシップ・タイプについて考えてみたいと思う。図5-1にはカーステンたちの研究結果を参考にして，フォロワーシップ・スタイルを提示している。「観我」と「従我」の発達によって四つの象限を設けていることがわかるだろう。今回は従我が未発達なフォロワーについては特に言及しない。なぜなら，先にも述べたように，自己中心型フォロワーは日本の労働組織にはほぼ存在しないと思われるからである。また，未熟型フォロワーは後にも述べるように，その名の示すとおり，フォロワーの段階に達していないため除外する。従って，右側に位置づけられている3タイプのフォロワーについて考えていく。

　まずカーステンたちのいう，受動的なフォロワーである。このタイプのフォロワーは観我が発達していない。上司の指示命令に従うことが強調されていることからも，それは伺える。忠実ではあるが，自らそれを選び取っているというわけでもなさそうである。従ってここでは，受動的忠実型と命名した。このタイプは，上司の指示や，上司が示す方向性に疑いをもたないため，そこに葛藤はほとんどない。ある意味,割り切っているともいえるかもしれない。ケリーのいう,積極的関与という観点からすれば,それはあまり強いとはいえないであろう。

117

次にカーステンたちのいう，能動的なフォロワーである。このタイプのフォロワーは観我と従我がともに発達していると考えられる。カーステンたちもいうように，このタイプは積極的な態度を維持することに腐心する。すなわち，こうした状況を一応は自らで選び取っているのだといえる。こうした点からも，受動的忠実型フォロワーよりは観我が発達していると考えられる。しかし，観我が発達しているにもかかわらず，目に見えてそれが発揮されるのは，他者である上司から求められたときだけである。常にリーダーを意識し，それ故に，観我も意識され，両者が統合されない可能性が高い。まさにベネディクトのいう，絶縁壁が立ちはだかり，相克が生じてしまうのである。この状態を観我がコントロールできれば問題ないが，もしコントロールしきれない場合は，メンタルヘルスに問題が生じるであろう。ある意味両義的な側面を有したタイプだといえる。そこで，ここでは能動的忠実型フォロワーと命名しておく。

　最後にプロアクティブなフォロワーである。このタイプは，能動的忠実型以上に観我が発達しているといえるかもしれない。そしてその分，従我が発達していないと思われるかもしれないが，そうではない。カーステンたちもいうように，このタイプのフォロワーは決して従わないわけではないのである。いうならば，上司や組織の意を体しているため，それが表面化されず，それ故従我が発達していないように見えるだけなのである。また，こうした従我を自らで選び取っているため，観我との統合が図られており，それゆえに能動的忠実型とは異なって，アンビバレントな状態には陥らない。人格内部は調和しており，それ故に，状況をコントロールすることが可能となる。ここでは，統合型フォロワーとしておきたい。なお，図5-1において，統合型フォロワーの囲みが点線になっているのは，観我と従我が統合され，表面化していないことを示している。以上より，本章では一つ目の仮説を次のように設定する。

　仮説1　わが国においては受動的忠実型，能動的忠実型，そして統合（プロ
　　　　　アクティブ）型といった三つのフォロワータイプが抽出される

第5章　フォロワーシップ行動の三次元モデル

2 受動的忠実型フォロワー

では，これら三つのタイプのフォロワーはどのような効果をもたらすのであろうか。先にも述べたように，フォロワーは常に受動的なイエスマンといった否定的な烙印を押されてきた。それを払拭するために，ケリーのような研究が生じてきたともいえる。しかし，それゆえにフォロワーに対するイメージが，本来の姿と大きくかけ離れてしまったようにも思われる。Crossman & Crossman（2011）もいうように，記述的そして理想的な初期のフォロワーシップモデルを修正する必要が生じてきている。まさに，Meindl, Ehllich & Dukerich（1985）によるリーダーシップ・ロマンスならぬ，フォロワーシップ・ロマンスともいえる状況が現出しているのである。それ故か，こうした傾向を是正するかのような研究も生じてきた。例えば，Agho（2009）が企業の役員クラスの人々を対象にフォロワーシップについての調査をしたところ，フォロワーにとっての重要な属性として，忠実さや協調性といった従来的な側面が抽出されたという。これまでも述べてきたように，フォロワーにとって従我は初期条件である。従我がなければ，そもそもフォロワーとしての機能を果たすことなどできない。こうした意味において，受動的な側面はフォロワーにとって重要である。

従って，先に仮説として設定した受動的忠実型のフォロワーに注目した場合，仮にこうしたタイプのフォロワーばかりの組織であれば，受動的忠実性の傾向が強いほど，組織の成果が高まるのではなかろうか。それは，こうした行動特性が組織にとって必要な機能であり，性質だからである。実際，受動的忠実型フォロワーは，前掲図5-1にある未熟型フォロワーや自己中心型フォロワーよりは，高い成果を生み出すのではなかろうか。しかし，能動的なタイプのフォロワーも存在した場合はどうだろうか。恐らく，能動的で自律的なフォロワーの方が好ましい成果を生じさせるのではなかろうか。そしてカーステンたちの調査で，プロアクティブなフォロワーが言及していたように，盲目的に従うフォロワーの位置づけが相対的に低下するものと思われる。ところで，このタイプのフォロワーについては先にも述べたように，他律的ではあるものの，組

119

織における観我が発現しないだけであって，それは自我によって「割り切り」的なコントロールがなされている。むしろ，観我が発現しないことによって，二つの我による相克が生じないため，精神的には比較的安定していると考えられる。ミルグラムの実験被験者のなかで，権威に盲従できた人たちは，緊張状態に苛まれることがなかったとされる。人は緊張から逃れるために盲従するのである（Nick et Eltchaninoff, 2010）。以上から，二つ目の仮説を次のように設定する。

仮説 2　受動的忠実型フォロワーだけの組織では受動的忠実性は成果に対して正の影響を有するが，能動的・自律的なフォロワーが組織成員として加わると，逆にそれは負の影響を有するようになる。また，受動的忠実性は精神的健康や well-being に対して常に正の効果を有する

［3］　統合型フォロワー

　次は統合型フォロワーに視点を移そう。このフォロワータイプはカーステンたちのいう，プロアクティブフォロワーに対応している。プロアクティブという言葉は先回りといった意味合いで用いられることが多いようだが，スペルからもわかるように，よりアクティブな状態を表しているとも思われる。つまり，ケリーによって抽出された積極的関与という特徴からみれば，最もその程度が強いフォロワーであると考えられる。そもそも，カーステンたちの分類はこの積極的関与の程度に依拠しているともいえる。

　例えば，これら三つのタイプを図 5-2 のように描写するとわかりやすいかもしれない。ここで，これまでも述べてきたように，リーダーもしくは直属の上司は組織のエージェントとして位置づけられている。リーダーはフォロワーにとって，組織との接点であり，窓口である。リーダーは指示命令を下すだけでなく，ある種の行動枠組（規範）を設定する存在でもある。そうした意味では，受動的忠実型のフォロワーにとってリーダーは，組織の全てともいえるか

第5章 フォロワーシップ行動の三次元モデル

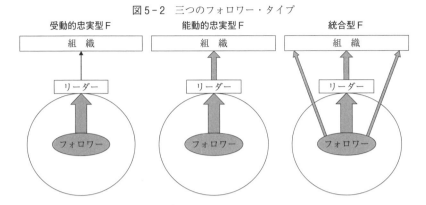

図5-2 三つのフォロワー・タイプ

もしれない。このタイプのフォロワーは組織を直接みているのではなく、リーダーを通じてみている。従って、リーダーの指示命令に忠実に従い、リーダーには貢献するものの、組織への直接的貢献はほとんど意識されていないといえる。一方、能動的忠実型のフォロワーは、少しは組織を意識している。なぜなら、リーダーから求められたときに意見や情報を提供できるからである。リーダーを通してではあるが、組織を間接的に見て、組織に対する間接的貢献を意識していると考えられる。ただしかし、リーダーが設定する枠組を超えることはできない。

　最後に、統合型のフォロワーである。このタイプのフォロワーは、前述したようにリーダーに従わないわけではない。当然、リーダーに対して貢献する。しかし、何よりもこのフォロワーを特徴づけているのは、組織に対する直接的な貢献であろう（Carsten et al., 2010）。すなわち、このタイプのフォロワーはリーダーの先回りをしているともいえるし、リーダーの設けた枠組を超えた行動をしているともいえる。リーダーだけでなく、組織に対しても直接的に関与しようとしているのである。松山（2002）では、組織に対する愛着的なコミットメントが強いほど、仕事に対する意欲が高まり、精神的健康の高まることが明らかになっている。積極的な関与とは、他律的ではなく自律的な関与を指していると思われるため、統合型フォロワーの特性は労働意欲や精神的健康などのアウトカムに対して、正の効果を有するように思われる。この点は、

Schaufeli & Bakker（2004）や Schaufeli, Martínez, Marqués-Pint, Salanova & Bakker（2002）の研究とも符合する。そこで，次のような仮説を設定することにした。

仮説 3　プロアクティブな（統合型の）特性は労働意欲などのアウトカムおよび精神的健康や well-being に対して正の効果を有する

４　能動的忠実型フォロワー

　最後に，能動的忠実型フォロワーについてである。前述したように，このタイプのフォロワーは両義的側面を有している可能性が高い。意識的に忠実であろうとしているところもあり，上司から求められれば表明できる意見があるにもかかわらず，普段はそれを抑制している。それは，観我が意識された状態で，観我自らで発現を抑止しているということである。従って，観我は従我と統合されず表面化した状態となり，それが両義的な態度へと結びついてしまうのである。この点において，統合型フォロワーの場合には，両者が統合されて意識化されないために葛藤が生じず，人格は外界をコントロールすることが可能となる（松山，2014）。それ故，統合型フォロワーの場合は精神的にも健康を維持しやすいと考えられるものの，能動的忠実型のフォロワーにはそれが困難となるように思われる。この場合，観我が，あまりに能動的に従我を後押ししてしまうと，いつの間にか観我が従我に従うという現象が生じてしまうのかもしれない。そうなると，観我は従我に乗っ取られ，自らをコントロールすることができなくなってしまう。いうまでもなく，精神的健康はより一層損なわれてしまうだろう。このように考えるなら，むしろ，両義的な状態にあるうちは，まだそこまでには健康を害していないといえるのかもしれない。いわゆる「やらされ感」による苦痛だけですんでいるのである。自我が他者に呑み込まれていないうちは，まだ健全といえるだろう。しかし，人格をコントロールする主体である自我が他者性を帯びてしまうと，最早，健全であるとはいえなくなる。この点については，松山（2002, 2012）における内在化コミットメントの研究

が参考になろう。そして，これらの研究からもわかるように，このタイプのフォロワーの労働意欲は高いことが予想される。なぜなら，たとえ葛藤があろうとも，積極的に忠実であろうとしていることには変わりがないからである。少なくとも，上司や組織からの評価は高いのではないだろうか。まさに会社人間がこのタイプであると思われる。そこで今回は次のような仮説を設定する。

仮説4　能動的忠実性は労働意欲などのアウトカムに対しては正の効果を有するが，精神的健康や well-being に対しては負の効果を有する

2　フォロワータイプを明らかにする

　本章では，以上の仮説を検証するために，質問紙法による量的調査を行うことにした。ただその前に今回は，まず部下によるフォロワーシップ行動を特定化する必要があるため，予備調査を行っている。本調査では，この予備調査によって明らかになったフォロワーシップ行動を質問項目とした尺度を用いている。

1　予備調査
①調査概要
　予備調査は，WEB 調査会社に依頼した。部下によるフォロワーシップ行動を特定化するために，部下をもつ企業勤務者を対象に調査を実施した。2015年7月下旬に，全国の20歳以上の一般企業勤務者のなかから，部下を有する200名をランダムに抽出した。ただし，日本企業の管理職における男女比が，極端に男性に偏っていることから，総務省のデータなどを参考に割付を行った。今回は，女性管理職を11.5％としている。200名の回答はすべて有効と判断した。回答者の属性についてみると，所属企業の規模については，300人未満が最も多く98名（44.9％）であった。年代については，50歳代が86名（43.0％）と最も多く，ついで40歳代の63名（31.5％）であった。所属企業の業態については，

製造業が68名（34.0%）と最も多く，ついでサービス業の33名（16.5%）であった。平均年齢は48.6歳（SD 8.98）で，平均勤続年数は18.1年（SD 10.83）であった。また，会社での役職については，人数の多い役職から順に，係長が61名（30.5%），課長が53名（26.5%），部長が46名（23.0%），役員が9名（4.5%）であった。さらに直属の部下の人数については，平均が9.0名（SD 11.43）であった。なお，所属企業の階層および部下の人数の多寡についても尋ねているので付け加えておく。階層の多寡については，普通だとする回答者が100名（50.0%）と最も多く，ついで「やや多い」の28名（14.0%）であった。最後に，部下の人数についても，普通だとする回答者が128名（64.0%）と最も多く，ついで「やや少ない」の34名（17.0%）であった。

②質問内容

フォロワーシップ行動を特定化するためのサンプルを回収するために，調査対象者に対して自由記述による回答を求めた。質問項目は次の通りとした。

「上司であるあなたに対して部下がとるべき望ましい行動について教えて下さい。（こうしてほしい，こうすべきである，こうしてもらうとありがたいといったことをできるだけたくさん記述して下さい。）」

③分析結果

回答結果を松山（2015）で抽出された55の項目と見比べたところ，ほぼ同様の内容であった。ただ，今回新たに，松山（2015）では得られなかった行動もあったため，次の五つを新たに付け加えることにした。それらは，「上司に対して言い訳はしない」「上司に対して知ったかぶりはしない」「上司に対して隠し事はしない」「上司から受けた指示や注意は1回で理解している」「上司の指示を待って行動している」であった。従って，フォロワーシップ行動尺度は60項目となった。

2 本調査

①調査概要

組織において有効なフォロワーシップ行動を特定化するために，新たな

WEB調査を実施した。今回の調査も，WEB調査会社に依頼した。対象者は
上司をもつ一般企業勤務者とした。従って，今回は部下の視点でフォロワーシ
ップ行動を問うこととなる。調査会社によって，全国に勤務する上司を有する
正規従業員1,000名がランダムに抽出された。なお今回は，日本における正規
従業員の男女比が2：1であると判断して，割付を行った。回収された回答は
すべて有効と判断した。回答者の属性は次の通りである。性別については男性
が666名であった。最終学歴については，大学院が80名，大学が563名，短大・
専門学校が195名，高校が157名，その他が5名であった。職位については，管
理職が171名，職場の管理監督者が70名，一般従業員が758名，その他が1名で
あった。また職種については，事務・企画が407名，営業・販売が172名，研究
開発・技術設計が150名，保安・サービスが87名，製造・建設・運輸などの現
場業務が128名，その他が56名であった。所属企業の規模については，300人未
満が553名と最も多く，ついで101名の10,000人以上であった。会社の業態につ
いては，卸売・小売業が90名，製造業が233名，サービス業が209名，建設業が
77名，不動産業が38名，飲食店・宿泊業が12名，運輸業が60名，情報通信業が
73名，医療・福祉が106名，その他が102名であった。次に回答者の平均年齢は
39.2歳（SD　6.76）で，平均勤続月数は125.4カ月（SD　89.20）であった。ま
た，現在の上司と勤務している期間は平均41.0カ月（SD　51.11）であった。
最後に現在の上司が何人目かを尋ねたところ，平均3.5人目（SD　3.28）であ
った。

②分析指標

・フォロワーシップ行動

予備調査によって抽出された，フォロワーシップ行動60項目からなる尺度を
使用した。回答者には，普段の行動について率直に回答してもらった。回答は，
「全くそう思わない」から「非常にそう思う」までの5点尺度で回答してもら
った。

・労働成果

フォロワーシップ行動の有効性を測定する指標として，労働成果について尋

ねた。質問項目は「ここ最近，働く意欲が高まっている」「ここ最近，仕事の生産性が高まっている」「ここ最近，業績が上がっている」の3項目である。同じく5点尺度で回答してもらった。尺度の信頼性係数aは.82であった。

・Well-being

同じくフォロワーシップ行動の有効性を測定する指標として，well-being（心理的安寧）について尋ねた。質問項目は「ここ最近，心身ともに調子が良い」「ここ最近，私生活が充実している」「仕事と私生活のバランスがとれている」などの，精神的健康を測定する項目を含めた8項目である。同じく5点尺度で回答してもらった。尺度の信頼性係数aは.88であった。

・統制変数

本研究では，フォロワーシップ行動による純粋な影響力を明らかにするために，性別，年齢，勤続月数，現在の上司との勤続月数，仕えた上司数，学歴，職位，職種，所属組織の規模，業態を統制することにした。また，上司のリーダーシップ行動によって結果が左右されないように，PM理論（三隅，1984）を用いて，上司のP行動およびM行動をともに統制することにした。P行動については三隅の尺度から「上司は仕事量をやかましくいう」「上司は仕事ぶりのまずさを責める」などの4項目を用いた。またM行動については，「上司は部下を支持してくれる」「上司は部下を信頼している」などの8項目を用いた。それぞれを5点尺度で回答してもらったところ，P行動およびM行動それぞれの信頼性係数aは.75および.94であった。

③分析結果

まず，フォロワーシップ行動を測定する各項目の平均値および標準偏差を算出し，天井効果およびフロアー効果の有無を調べたところ，効果を有する項目はなかった。そこで，最尤法によって因子分析を行った後に，プロマックス回転を実施したところ，固有値などから3因子解と判断した。そして，他の因子との整合性を勘案し，負荷量の絶対値が.55以上の項目を取り上げたところ，第1因子が12項目，第2因子が8項目，第3因子が9項目となった（**表5-1**）。その他の項目は除外した。それぞれの因子はその内容から判断して，第1因子

第5章 フォロワーシップ行動の三次元モデル

表5-1 因子分析の結果

質問項目	平均	標準偏差	因子1	因子2	因子3
Q1-19. 上司に対してきちんとした言葉遣いをしている	3.70	0.96	.68	−.13	.13
Q1-20. 上司が一から十まで指示しなくても動くことができる	3.73	0.93	.67	.33	−.30
Q1-53. 上司に対して虚偽の発言をしない	3.68	0.95	.63	.00	.09
Q1-57. 上司に対して知ったかぶりはしない	3.65	0.92	.63	.05	.01
Q1-32. 問題やミスをすぐに上司に報告している	3.67	0.91	.63	.09	.09
Q1-9. 上司に対する連絡・報告・相談を大切にしている	3.68	0.96	.61	.09	.17
Q1-29. 上司に対して，報告・連絡・相談を行いながら，臨機応変，柔軟な対応をしている	3.64	0.91	.61	.21	.09
Q1-46. 上司の質問に対して返事が早い	3.59	0.90	.59	.21	.03
Q1-36. 上司にわからないことはわからないというようにしている	3.68	0.94	.59	.02	.05
Q1-15. 上司に対する自分の立場をわきまえている	3.67	0.90	.59	−.03	.25
Q1-13. 上司から与えられた役割を受け入れている	3.66	0.90	.56	.09	.24
Q1-59. 上司から受けた指示や注意は1回で理解している	3.56	0.90	.55	.26	−.04
Q1-23. 上司が示した枠を超えて果敢にチャレンジしている	3.30	1.00	.03	.80	−.04
Q1-38. 上司の期待を超えた行動をしている	3.23	0.98	.06	.77	−.06
Q1-49. 上司の右腕である	3.01	1.11	−.21	.77	.14
Q1-21. 上司が考え付かない新しいことに常に前向きに行動している	3.36	0.98	.12	.70	.00
Q1-52. 上司に対して良い影響を及ぼしている	3.33	0.90	.12	.67	.05
Q1-39. 上司に対して影響力を発揮して成果を出そうとしている	3.37	0.92	.07	.63	.13
Q1-11. 上司に対して，部下である自分に何ができるかを追求している	3.34	0.95	.04	.58	.27
Q1-7. 上司をフォローするために状況把握や準備を常にしている	3.41	0.94	.15	.55	.16
Q1-40. 上司に対して従順である	3.38	0.94	.17	−.08	.73
Q1-41. 上司の意見や考えを否定しない	3.35	0.96	.15	−.15	.69
Q1-43. 上司に忠実である	3.38	0.96	.14	.06	.69
Q1-35. 上司あっての自分と心得ている	3.24	1.06	−.19	.33	.67
Q1-37. 上司を信頼している	3.38	1.10	−.06	.26	.62
Q1-25. 上司に対しては謙虚である	3.49	0.94	.31	−.14	.61
Q1-60. 上司の指示を待って行動している	3.11	1.04	−.15	.06	.59
Q1-14. 上司に対して献身的に考え行動している	3.37	0.95	.00	.34	.58
Q1-47. 上司の意見に納得した上で従っている	3.41	0.99	.06	.25	.57

因子の解釈			能動的忠実性	プロアクティブ性	受動的忠実性

因子間相関		因子1		.65	.64
		因子2			.60

127

を「能動的忠実性」、第2因子を「プロアクティブ性」、そして第3因子を「受動的忠実性」と命名した。第2因子については、仮説で提示した統合型フォロワーの特性を示す項目群ではあるが、項目内容に沿うように命名した。それぞれの信頼性係数 a は、.93、.92、.91であった。

次に表5-2には、今回の調査で用いた主要な変数の記述統計量および変数間の相関係数を示している。なお、P行動から下の変数については、平均値および標準偏差をそれぞれの質問項目数で除している。表5-2をみると、P行動の平均値がやや低く、わずかではあるが3を下回っていることがわかる。また、能動的忠実性の平均値がやや高いことも見て取れる。フォロワーシップ行動特性、PM行動特性および成果変数それぞれとの間には正の関係が認められる。

次に、フォロワーシップ行動特性の労働成果に対する影響力を明らかにするために、重回帰分析を行った（表5-3）。具体的には労働成果を目的変数としたうえで、まず統制変数として、性別ダミー（男性＝1）、年齢、勤続月数、上司月数、使えた上司数、学歴ダミー（大学以上＝1）、職位ダミー（管理監督職＝1）、職種ダミー（事務・企画＝1）、規模ダミー（300人未満＝1）、業態ダミー（非製造業＝1）、P行動、M行動を投入した（モデル1）。値はすべて、標準偏回帰係数 β の値である。次に、今回は特に受動的忠実性に注目していることから、説明変数としてまず受動的忠実性を投入し（モデル2）、続いて能動的忠実性（モデル3）、最後にプロアクティブ性（モデル4）を順次投入した。

重回帰分析の結果から説明力についてみてみると、それぞれの決定係数はモデル1から順に、.23、.24、.36、.48と説明変数が多くなるにつれて、その説明力の大きくなっていることがわかる。なかでも、能動的忠実性およびプロアクティブ性を投入した際に、比較的説明力が大きくなっている。まずモデル1の結果から、統制変数の影響力についてみてみると、性別が負の影響力を、職位が正の影響力を、そしてP行動とM行動がともに正の影響力を有していることが見てとれる。なかでも、M行動の影響力が比較的大きい。次にモデル2の結果から、受動的忠実性の影響力についてみてみると、正の影響力を有してい

第5章　フォロワーシップ行動の三次元モデル

表5-2　主要変数の平均値，標準偏差および相関係数

変数	平均	標準偏差	1	2	3	4	5	6	7	8	9	10	11	12	13	14	15	16
1 性別（男=1）	0.67	0.47																
2 年齢	39.20	6.76	.22**															
3 勤続月数	125.42	89.20	.22**	.52**														
4 上司月数	40.97	51.11	.02	.18**	.27**													
5 仕えた上司数	3.51	3.28	.12**	.24**	.48**	-.26**												
6 学歴（大学以上=1）	0.64	0.48	.14**	-.12**	-.05	-.15**	.13**											
7 職位（管理監督職=1）	0.24	0.43	.22**	.25**	.26**	.05	.17**	.13**										
8 職種（事務企画=1）	0.41	0.49	-.32**	-.04	-.02	-.01	.06	.06*	-.01									
9 規模（300人未満=1）	0.55	0.50	-.07*	.02	-.20**	.22**	-.36**	-.19**	-.12**	-.05								
10 業態（非製造業=1）	0.77	0.42	-.13**	-.04	-.12**	-.01	.00	.00	-.02	.12**	.12**							
11 P行動	2.99	0.78	.10**	-.02	.01	-.04	.08*	.03	.09**	-.05	-.09**	.02						
12 M行動	3.26	0.86	-.03	.00	.02	-.03	.05	.07	.13**	-.01	-.11**	.00	.21**					
13 能動的忠実性	3.66	0.70	-.10**	.03	.02	-.02	.07	.04	.10**	.00	-.12**	.03	.22**	.61**				
14 プロアクティブ性	3.30	0.78	-.03	.01	.05	-.02	.08*	.09**	.20**	.03	-.12**	.00	.30**	.64**	.73**			
15 受動的忠実性	3.35	0.77	-.07*	-.07*	-.05	-.05	.01	.09**	.04	-.07	.00	.00	.25**	.71**	.72**	.71**		
16 労働的成果	3.31	0.84	-.02	.09**	.09**	.05	.06	.02	.22**	-.01	-.05	.03	.22**	.41**	.55**	.65**	.37**	
17 well-being	3.13	0.77	-.05	-.03	.03	.00	.01	.04	.16**	.00	-.09**	.01	.28**	.70**	.55**	.68**	.64**	.60**

N=1000

**：p＜.01　*：p＜.05

表 5 - 3　労働成果を目的変数とした重回帰分析の結果

説明変数	モデル 1（β）	モデル 2（β）	モデル 3（β）	モデル 4（β）
性別（男＝1）	− .08*	− .07*	− .02	− .02
年齢	.06	.07	.02	.03
勤続月数	.01	.01	.03	.01
上司月数	.05	.05	.03	.03
仕えた上司数	.00	.00	− .02	− .01
学歴（大学以上＝1）	.00	− .01	.00	− .01
職位（管理監督職＝1）	.16**	.17**	.14**	.07**
職種（事務企画＝1）	− .02	− .02	.00	− .02
規模（300人未満＝1）	.00	.00	.03	.04
業態（非製造業＝1）	.03	.03	.02	.02
P行動	.14**	.12**	.11**	.05*
M行動	.36**	.25**	.16**	.07*
受動的忠実性		.16**	− .15**	− .32**
能動的忠実性			.53**	.29**
プロアクティブ性				.59**
R^2	.23**	.24**	.36**	.48**
$\varDelta R^2$	.23	.01	.12	.12
F変化量	24.079**	15.903**	187.600**	234.387**
N	1000	1000	1000	1000

** : p＜.01　* : p＜.05

ることがわかる。ところが，モデル 3 の結果をみると，能動的忠実性が比較的
大きい正の影響力を示しているのに対して，受動的忠実性の影響力が負に転じ
ていることが認められる。最後に，モデル 4 の結果をみると，プロアクティブ
性が比較的大きな正の影響力を示しているのに対して，能動的忠実性の正の影
響力が半減し，受動的忠実性の負の影響力が倍増していることがわかる。また，
P 行動とM行動はともに，モデルが 1 から 4 へと移行するにつれて，その正の
影響力が小さくなっていることもみてとれる。モデル 4 では，その値はかなり
小さくなっており，有意確率も 5 ％水準に下がっている。

　次に，フォロワーシップ行動特性の well-being に対する影響力を明らかに
するために，重回帰分析を行った（表 5 - 4）。統制変数は先ほどと同じである
（モデル 5）。今回は，能動的忠実性に注目していることから，説明変数として
まず能動的忠実性を投入し（モデル 6），続いて受動的忠実性（モデル 7），プ

第5章　フォロワーシップ行動の三次元モデル

表5-4　well-being を目的変数とした重回帰分析の結果

説明変数	モデル5（β）	モデル6（β）	モデル7（β）	モデル8（β）
性別（男＝1）	− .06*	− .04	− .04	− .04
年齢	− .05	− .06*	− .04	− .04
勤続月数	.06	.06*	.06*	.05
上司月数	.01	.00	.01	.01
仕えた上司数	− .06*	− .06*	− .06*	− .06*
学歴（大学以上＝1）	− .01	− .01	− .02	− .02
職位（管理監督職＝1）	.08**	.08**	.09**	.05*
職種（事務企画＝1）	− .01	.00	− .01	− .02
規模（300人未満＝1）	− .02	− .01	− .02	− .02
業態（非製造業＝1）	.01	.01	.01	.02
P行動	.15**	.13**	.11**	.08**
M行動	.65**	.55**	.45**	.39**
能動的忠実性		.18**	.07*	− .06（p ＝ .0514）
受動的忠実性			.24**	.15**
プロアクティブ性				.34**
R²	.52**	.54**	.56**	.60**
⊿R²	.52	.02	.02	.04
F変化量	87.958**	43.107**	44.702**	100.200**
N	1000	1000	1000	1000

**：p＜.01　*：p＜.05

ロアクティブ性（モデル8）を順次投入した。重回帰分析の結果から説明力について
みてみると，それぞれの決定係数はモデル5から順に，.52，.54，.56，.60と説明変数が多くなるにつれて，その説明力の大きくなっていることがわかる。まずモデル5の結果から，統制変数の影響力についてみてみると，性別と仕えた上司数がともに負の影響力を有していることがわかる。また，職位とP行動およびM行動が正の影響力を有している。特に，M行動の値は大きい。次にモデル6の結果から，能動的忠実性の影響力についてみてみると，正の影響力を有していることがわかる。ところが，モデル7の結果をみてみると，能動的忠実性の正の影響力が半減しているのである。また，新たに投入された受動的忠実性は正の影響力を有している。そして，モデル8の結果をみると，受動的忠実性とプロアクティブ性が正の影響力を有している一方で，能動的忠実性の影響力が負に転じていることがみてとれる。ただし，この値は小さく，有

意確率も５％水準をわずかに下回っている。また，受動的忠実性の正の影響力
も小さくなっている。さらに，Ｐ行動とＭ行動の正の影響力は，モデルが５か
ら８へと移行するにつれて小さくなっていることが認められる。

３ 考 察

　予備調査の結果，松山（2015）で特定化されたフォロワーシップ行動以外に
五つの行動特性が得られた。これは，裏を返せばすでに得られていた55の行動
特性は，相当程度頑健であるということを物語っている。今回は，60の行動特
性からなる尺度を開発し，量的調査を実施することにした。目的は，四つの仮
説を検証することにある。

　一つ目の仮説は，「わが国においては受動的忠実型，能動的忠実型，そして
統合（プロアクティブ）型といった三つのフォロワータイプが抽出される」と
いうものであった。これは言葉を変えれば，フォロワーシップ行動特性が受動
的忠実性，能動的忠実性，そしてプロアクティブ性といった３特性に分類され
るということを意味している。因子分析の結果，表５－１から明らかなように，
３タイプの行動特性が抽出された。従って，仮説１は支持されたと考えられる。
ケリーによって提示された積極的関与という観点からみれば，これらの特性は
その強さによって特徴づけられるようにも思われるが，それぞれが独立してい
ることを考えると，一元的に捉えることには問題がありそうである。従ってこ
の結果は，カーステンたちが提唱する三次元モデルの妥当性を裏づけていると
いってよいであろう。そしてまた，ケリーが提唱する独自の批評的思考という
特性は，予想通り大きなカテゴリーとして抽出されることはなかった。プロア
クティブ性のなかに，そうした行動特性が含まれていることは確認できたもの
の，あくまでも，プロアクティブ性の一部に過ぎなかった。

　次に二つ目の仮説である。二つ目の仮説は，「受動的忠実型フォロワーだけ
の組織では受動的忠実性は成果に対して正の影響を有するが，能動的・自律的
なフォロワーが組織成員として加わると，逆にそれは負の影響を有するように
なる。また，精神的健康や well-being に対しては正の効果を有する」という

第5章　フォロワーシップ行動の三次元モデル

ものであった。従来，フォロワーは無能な大衆としてのレッテルを貼られ，ネ
ガティブな側面が強調される傾向にあった。しかし，フォロワーの重要性が高
まるにつれて，それを払拭するかのように，まさにフォロワーシップ・ロマン
スといった現象が生じてきた。例えば，ケリーの提唱するフォロワーシップは
リーダーシップであるという研究もあるほどである（Carsten *et al.*, 2010）。

　そこで近年では，フォロワーシップに必要な他者性，すなわち受動的な側面
をネガティブに捉えすぎることにも問題があるという見方も生じてきた。今回
は，このような観点から，フォロワーシップの受動的な側面に焦点を合わせ，
仮説を立てたのである。表5-2からもわかるように，受動的忠実性は労働成
果との間に正の相関関係を有している。すなわち，受動的忠実性だけに注目す
れば，この特性は労働成果に好ましい影響をもたらす重要な特性であるといえ
る。それは重回帰分析の結果を示した表5-3をみても明らかである。モデル
2をみれば，様々な変数を統制した後でもなお，正の効果を有していることが
わかる。しかしその後，他の二つの行動特性を投入すると，この正の効果は負
に転じてしまうのである。これらの結果から，仮説2の前半が支持されたこと
になる。すなわち，フォロワーシップの受動的側面は，組織にとって重要では
あるものの，能動的忠実性やプロアクティブ性が必要な場合，相対的にその効
果を失い，むしろマイナスの影響を与えてしまうということなのである。

　Carsten *et al.*（2010）のいうように，こうしたフォロワーシップ行動が状況
に依存するならば，受動的忠実型のフォロワーシップ行動はある組織のもとで
は，常に好ましい行動となるのかもしれない。今回の調査では，回答者の所属
組織の特徴については尋ねていない。今後は，状況要因との関係性も合わせて
分析することが求められよう。次に well-being に対する効果についてである。
表5-4からもわかるように，受動的忠実性は他の二つのフォロワーシップ変
数とともに投入されてもなお，well-being に対して正の効果を有している。
これらの結果から，仮説の後半も支持されたといってよいであろう。受動的忠
実型のフォロワーの心的内部には，観我が働いていないため葛藤がない。ある
意味，割り切っているため，精神的緊張が生じていないのであろう。

133

次に三つ目の仮説である。三つ目の仮説は「プロアクティブな特性は労働意欲などのアウトカムおよび精神的健康や well-being に対して正の効果を有する」というものであった。表5-3のモデル4および表5-4のモデル8をみてもわかるように，プロアクティブ性は様々な変数によって統制されてもなお，労働成果と well-being 双方に対して好ましい影響を及ぼしていた。従って，仮説3は支持されたといえる。これらの結果から，プロアクティブ性は他のフォロワーシップ行動と比較して，最も好ましい特性であると考えられる。プロアクティブ性は，フォロワーのなかで観我と従我が統合され，表面に現れていない状態のもとで生じる。こうした場合に，フォロワーの自我は外界に対峙することが可能となり，自律的に振舞うことができるのである。すなわち，外界をコントロールすることができている状態といえよう。

　最後に四つ目の仮説である。四つ目の仮説は，「能動的忠実性は労働意欲などのアウトカムに対しては正の効果を有するが，精神的健康や well-being に対しては負の効果を有する」というものであった。表5-3のモデル3および4をみるとわかるように，能動的忠実性は様々な変数を統制してもなお，労働成果に対して正の効果を有している。しかし，表5-4のモデル8をみると，様々な変数を統制した結果，well-being に対して負の効果をもたらす傾向のあることが明らかになった。これらの結果から，仮説4はほぼ支持されたといえる。そもそも能動性と忠実性とは互いに相反する性質を有している。能動性の発揮は自己性を，そして忠実性の発揮は他者性の発現として捉えられる。両者が統合されて意識化されなくなった場合に，プロアクティブ性へと移行するのであって，この段階に留まっている間は，意識化されているそれぞれが葛藤を生じさせるため，well-being や精神的健康などにはあまり好ましい影響を及ぼさないのであろう。まさに，両義的な行動特性だといえる。

　以上，四つの仮説についてみてきた。ここで，本研究の意義と実践的示唆，そして課題について述べておこう。本研究の意義は大きく三つある。一つ目は，フォロワーシップ論のパイオニアであるケリーの提唱した，二つの行動特性に問題があることを明らかにした点である。ケリーのいう批評的行動は，重要な

フォロワーシップ行動特性の一つかもしれないが，枠組となるほどではなかった。特に，日本人労働者において，このことがより当てはまるように思われる。松山（2014）でも述べたように，西洋流の近代的自我は，意識化によって確立される。リベットの実験や，ミラーニューロンの発見などから示唆されるように，西洋では，他者によって始発された行動を吟味し，それを押しとどめるところに自我が生じる。懐疑的精神や批判的精神はその現れであり，それらによって自我は維持・強化されるのである。しかし，日本人の心のあり様はそうではない。それ故，批評的思考がフォロワーシップ行動特性として，それほどまでには重視されないのである。今回は，ケリーの提唱した二つの行動特性ではなく，カーステンたちが提唱した三つの行動特性に近似したものが現れた。この点も，本研究の意義であるといえる。

　二つ目は，抽出されたフォロワーシップ行動特性のなかで，受動的忠実性が重要である可能性を示した点である。繰り返し述べてきたように，フォロワーが否定的に捉えられてきたのは，こうした行動特性に起因していた。そこで，フォロワーシップを見直すために，積極的な側面にばかり光を当てるなかで，受動的な側面がないがしろにされるようになってきた。しかし，こうした側面が前提になければ，そもそもフォロワーシップなど成立しない。本研究の結果は，受動的忠実性，すなわち従う我がフォロワーシップ行動の前提となることをも示唆している。また，受動的忠実性が well-being に対して好ましい影響を及ぼしていたことも，本研究の興味深い発見事実である。ワークとライフを峻別している組織成員は，心的内部に葛藤を抱え込むことがないのかもしれない。

　三つ目は，能動的忠実性の両義的側面を明らかにした点である。一見，組織への貢献度も高く，勤勉にみえるこのタイプのフォロワーは，ともすると心身をすり減らし，会社人間化していく可能性がある。観我と従我がどちらも意識化されていると葛藤が生じ，観我はそれを処理するために大きな負担を強いられることになる。それは観我を弱体化させることにもなり，弱まった観我は他者性に支配されやすくなる。自我が他者に乗っ取られるようなことにでもなれ

ば，最悪の場合過労自殺などにまで至ってしまうのである。この点は，松山（2014）とも符合する。本研究において，能動的忠実性が well-being に対して好ましくない影響を及ぼしている可能性が明らかになったことの意義は大きいように思われる。

　では，実践的示唆についても若干触れておこう。まず，統合（プロアクティブ）型のフォロワーが組織にとって最も好ましいということが明らかになった点である。組織としては，統合型のフォロワーを増やすべく，環境を整え，働きかけをしていかなくてはならない。そのためには，上司である職場の管理者が発揮するリーダーシップや，人事施策などについても検討することが必要となろう。次に，能動的忠実性がフォロワーシップ行動特性のなかで，最も強いことがわかった点である（表5-2）。先にも述べたように，能動的忠実型フォロワーは勤勉であるため，組織への貢献度は高いものの，精神的健康などの点を踏まえると，問題を孕んだ行動特性である。従って，こうしたフォロワーには一定程度以上の配慮が必要であろう。そしてまた，能動的忠実型のフォロワーがプロアクティブ型に変化するように，働きかけていかなくてはならない。この点については今後の課題であろう。日本においては，最も多いことが予想されるタイプのフォロワーだけに，十分留意する必要がある。

　では最後に，今後の課題について触れておく。本研究では，WEB 調査を実施した。近年使用されることの多い手法ではあるが，問題も指摘されている。しかし，郵送法や企業への直接依頼には限界もある。これは社会科学に携わる全ての研究者が抱える問題だといえる。継続的に検討していく必要があろう。次に，フォロワーシップ行動特性の内容についてである。今回は，予備調査も含めて入念に具体的行動を洗い出したつもりであるが，依然として抽出されていない重要な行動があるかもしれない。フォロワーシップの定義にも関わる問題だけに，今後も検討が必要であろう。また，抽出された行動特性の命名についても，同様のことがいえる。さて，今回はフォロワーが活動している組織の状況要因については調査をしていない。先述したように，受動的忠実型フォロワーが機能する組織もあるかもしれない。こうしたことを明らかにするために

第5章　フォロワーシップ行動の三次元モデル

も，今後は組織風土やリーダーシップ，また組織に導入されている人材マネジ
メント施策なども含めた調査が必要であろう。最後に，今回の量的調査はフォ
ロワーの報告に基づいている。フォロワーシップを管理するのが上司であるこ
とを考えれば，上司の視点による研究も必要なはずである。

　次章では，さらに日本人に最も多い能動的忠実型フォロワーについて考える。
特に，本研究でも明らかになった，メンタルヘルスとの関係について掘り下げ
てみたい。

参考文献

Abegglen, J. C., *The Japanese factory: Aspects of its social organization*, Free Press, 1958.
（占部都美監訳『日本の経営』ダイヤモンド社，1958年）

Agho, A. O., "Perspectives of senior-level executives on effective followership and leadership," *Journal of Leadership & Organizational Studies*, 16(2), 2009, 159-166.

Baker, S. D., "Followership: The theoretical foundation of a contemporary construct," *Journal of Leadership & Organizational Studies*, 14(1), 2007, 50-60.

Barnard, C. I., *The Functions of the Executive*, Harvard University Press, 1938.（山本安次郎・田杉競・飯野春樹訳『経営者の役割』ダイヤモンド社，1968年）

Bjugstad, K., Thach, E. C., Thompson, K. J. & A. Morris, "A fresh look at followership: A model for matching followership and leadership styles," *Journal of Behavioral and Applied Management*, 7(3), 2006, 304-319.

Blanchard, A. L., Welbourne, J., Gilmore, D. & A. Bullock, "Followership styles and employee attachment to the organization," *The Psychologist-Manager Journal*, 12, 2009, 111-131.

Carsten, K. M., Uhl-Bien, M., West, B. J., Petra, J. L. & R. McGregor, "Exploring social constructions of followership: A qualitative study," *The Leadership Quarterly*, 21, 2010, 543-562.

Chaleff, I., *The courageous follower: Standing up to and for our leaders*, Barrett-Koehler Publishers, Inc., 1995.（野中香方子訳『ザ・フォロワーシップ』ダイヤモンド社，2009年）

Crossman, B. & Crossman, J., "Conceptualising followership: a review of the literature," *Leadership*, 7(4), 2011, 481-497.

Derue, D. S. & Ashford, S. J., "Who will lead and who will follow? A social process of leadership identity construction in organizations," *Academy of Management Review*, 35

(4), 2010, 627-647.

Follet, M. P., *Freedom & co-ordination: lectures in business organization*, Management Publications Trust, 1949. (斎藤守生訳『フォレット　経営管理の基礎：自由と調整』ダイヤモンド社，1964年)

Graham, J. W., "Chapter 3 commentary: Transformational leadership: Fostering follower autonomy, not automatic followership," Hunt, J. G., Baliga, B. R., Dachler, H. P. & C. A. Schriesheim eds., *Emerging leadership vistas*, Lexington Books, 1988, 73-79.

Graen, G. & Schiemann, W., "Leader-member agreement: a vertical dyad linkage approach," *Journal of Applied Psychology*, 63, 1978, 206-212.

浜田陽子・庄司正実「リーダーシップ・プロセスにおけるフォロワーシップの研究動向」『目白大学　心理学研究』11，2015年，83-98。

平松琢弥「リーダーシップは誰のものか：リーダーの影響力とフォロワーの共感力」『文学部論叢』99，2008年，47-71。

Kalkhoran, M. A. N., Naami, A. & K. Beshlideh, "The comparison of employees' followership styles in their job attitudes," *International Journal of Psychology and Behavioral Research*, 2(3), 2013, 115-125.

Kellerman, B., *Followership: How followers are creating change and changing leaders*, Harvard Business Press, 2008.

Kelley, R. E., "In praise of followers," *Harvard Business Review*, 66(6), 1988, 141-148.

Kelley, R. E., *The power of followership*, Doubleday, 1992. (牧野昇監訳『指導力革命：リーダーシップからフォロワーシップへ』プレジデント社，1993年)

小稲義男編『研究社　新英和大辞典　第5版』研究社，1980年。

松谷葉子「フォロワーシップの再構築：フォロワーの哲学を目指して」『経営哲学』7(1)，2010年，168-175。

松山一紀「メンタルヘルスと従業員態度および業績評価との関係：大手電機メーカーA社を事例として」『日本労務学会誌』4(2)，2002年，2-13。

松山一紀「内在化コミットメントの特質」『商経学叢』59(2)，2012年，483-499。

松山一紀『日本人労働者の帰属意識』ミネルヴァ書房，2014年。

松山一紀「フォロワーとフォロワーシップ」『商経学叢』62(2)，2015年，47-74。

Meindl, J., Ehrlich, S. & J. Dukerich, "The romance of leadership," *Administrative Science Quarterly*, 30(1), 1985, 78-102.

三隅二不二『リーダーシップ行動の科学』有斐閣，1984年。

永井恒男「内省型フォロワーシップ」『人材教育』23(10)，2011年，64-67。

西之坊穂・古田克利「日本版フォロワーシップの構成要素の探索的研究と個人特性間の差の検討」『経営教育研究』16(2)，2013年，65-75。

第5章 フォロワーシップ行動の三次元モデル

Schaufeli, W. B. & Bakker, A. B., "Job demands, job resources and their relationship with burnout and engagement: A multi-sample study," *Journal of Organizational Behavior*, 25, 2004, 293-315.

Schaufeli, W. B., Martínez, I., Marqués-Pint, A., Salanova, M. & A. Bakker, "Burnout and engagement in university students: A cross-national study," *Journal of Cross-Cultural Psychology*, 33(5), 2002, 464-481.

Townsend, P. & Gebhart, J., *Five-Star leadership*, John Wiley and Sons Inc., 1997.

下村源治・小坂満隆「サービス視点から見た優れたフォロワーシップの事例研究」『研究技術計画』28(3/4),2013年,313-322。

Uhl-Bien, M., Riggio R. E., Lowe, K. B. & M. K. Carsten, "Followership theory: A review and research agenda," *The Leadership Quarterly*, 25, 2014, 83-104.

第6章

日本的フォロワーシップとメンタルヘルス

ずっと，「やりたいことがあったのに，なんで死んだんだ」と思ってきた。
うつ病になって，自分の意思ではなく死んでしまったんだと，やっとわか
った。

—— 過労自殺で息子を失った父親の言葉

　では，ここからは，日本的フォロワーシップとメンタルヘルスの関係につい
て，筆者が過去に実施した研究を踏まえて論じてみたい。特に，フォロワーシ
ップ行動の三次元モデルを用いた実証研究によって明らかにされた，能動的忠
実性と well-being の関係に注目する。前述したように，わが国において能動
的忠実型フォロワーは他のタイプのフォロワーよりも多いと思われる。2016年
に筆者が行った WEB 調査の結果と，Carsten *et al.*（2010）の結果を比較して
みるとそれは明らかである（表6-1）。調査や分類の方法が異なるので，あく
までも参考程度に留めなくてはならないとはいえ，日本における能動的忠実型
フォロワーの多さは突出しているように思われる。従って，わが国においては，
このタイプのフォロワーにフォーカスした研究が必要なのである。

　さて，能動的忠実型フォロワーの心的内部においては，観我と従我が現出し，
分裂した状態にある。こうした矛盾相克は緊張をもたらし，精神的健康に好ま
しくない影響を及ぼすに違いない。両者が統合され，表に現れない場合には，
精神的健康は最も好ましい状況に置かれる。また，盲従している場合でも，緊
張からは逃れられる。しかし，能動的忠実型のフォロワーシップはこれらとは
異なり，緊張を生じさせる。日本人が忍耐強いといわれるのも，周囲の人間に
迷惑をかけるぐらいならば，自らにおいてその緊張を処理しようとする，まさ

表6-1 フォロワータイプの割合

	カーステンら（2010）	松山	
調査方法	質的調査 （半構造化面接）	量的調査 （質問紙法）	
フォロワータイプ	N＝31	N＝1000	フォロワータイプ
能動的F	32%	60%	能動的忠実型F
プロアクティブF	29%	16%	統合型F
受動的F	39%	25%	受動的忠実型F

に自己犠牲的な心理が働くからではないか。こうした心理機制は当然，精神的健康に好ましい影響を及ぼすとは思えない。武士道の精神は，日本人の美意識と深く結びついてはいるものの，それはある意味，自己犠牲を美徳とする精神であり，こうしたあり方を称揚するなかで，個人の精神的健康を阻害する風土が育まれてしまったのではなかろうか。

1　フォロワーシップと「会社人間」

　能動的忠実型フォロワーは，いわゆる「会社人間」である可能性が高い。労働者を人間類型化するとき，様々な呼称が用いられる。その先駆的なものの一つが，ホワイトによる「オーガニゼーション・マン」であろう。ホワイトによれば，これらの人々は組織に帰属している中産階級の人々で，もっぱら組織のために働く。ブルー・カラーワーカーでもないし，ホワイト・カラーというカテゴリーにも収まりきらない。オーガニゼーション・マンと称する以外に呼びようのない人たちが，これらの人々なのである（Whyte, 1956）。ホワイトがこのような新しい人間類型を発見してから約20年が経過した日本において，「会社人間」が誕生した。過去の新聞記事を調査整理した中川（2011）によると，1978年に初めて会社人間の記事がみられることから，そういってほぼ間違いないであろう。

　中川（2011）によれば，その後2007年まで会社人間の記事は掲載され続ける。最も多くの記事が掲載されたのは1994年であったようである。これは，雑誌記

事を調査した江（2001）の結果とも符合する。1990年代初めから半ば頃までが，こうした会社人間論のピークであったと考えられる。この時期は，日本の企業が人事方針に自己実現思想を取り込み，自己実現企業を目指そうとしていた時期とも重なる。例えば，森岡（1995）が会社人間を次のように説明していることからもそれがうかがえる。森岡（1995）によれば会社人間とは，「出世競争への参加を自己実現だと信じ，身を粉にして働き，さらには自分がいなければ組織が動かないと思い込んでいるような人間」のことである（51頁）。マズローの唱えた自己実現思想が行動科学者たちによって矮小化され，組織のなかへと閉じ込められたことによって，会社人間が生まれたのである。まさに，企業の自己実現的人事管理と表裏一体の関係にあったといえる。

　しかしこれらの人たちは，いわゆる「仕事人間」とは異なるのであろうか。この点についても森岡（1995）の説明が的を射ている。仕事人間は仕事に没頭し，熱中し，仕事のことで頭がいっぱいの人を指すが，会社人間はそれだけではない。森岡もいうように，会社人間は仕事がなくても長時間会社に拘束され，「行き過ぎた仲間主義による不必要なつき合い，職場主催の休日の運動会などの行事への参加」を強いられる（52頁）。つまり，組織内外で繰り広げられる，まさに一切合財の組織活動に関与することを強いられるというのである。仕事さえしていれば良いということではないのである。従ってこのような会社人間は，先ほど述べた，自己実現的人事管理によって形成されたという側面もあるものの，それだけではないことが理解できる。内橋・奥村・佐高編（1994）によれば，会社人間はいわゆる企業中心社会もしくは会社主義社会によって形成された。ここで企業中心社会とは，企業をはじめとする組織の存在が拡大しすぎ，その目的や行動原理が，個人や社会のそれに優先し，個人生活の自由度が制約された社会を指している（経済企画庁，1991）。労働組織が肥大化し過ぎたが故に，労働者個人の自己実現が組織の中に閉じ込められてしまったのである。

　中川（2011）によれば，こうした一連の会社人間論とは，会社に対して病理的な関係をもつ人間像としての会社人間をめぐって展開された，会社と個人の関係についての批判的言説であった。中川は会社人間論をこのように捉えたう

えで，関連する記事を「雇用制度批判」「健康問題」「余暇・労働時間」「ボランティア・地域社会」「家族関係」「その他」のジャンルに分けており，健康問題に関する記事は1990年前後と2000年代前半において割合が上昇しているとしている。ここで健康問題に関する記事とは，会社人間が罹患するうつ病や過労死などを論じ，それを通して会社人間を批判する記事を指している。

　このように，会社人間と健康問題は密接不可分の関係にあることが理解できる。田尾編（1997）もいうように，会社人間とは，組織に対して過剰に同調し，しかもそれに対して無関心である人たち，そしてそのために，健常な自我概念を維持できなくなった人たちである。こうした意味においては，これまで論じてきた忠誠心や帰属意識と精神的健康との関係が，まさにこの人間類型のなかに凝縮されているといっても過言ではない。もちろん，帰属意識が弱すぎても，精神的健康は維持できない。精神科医の柴田（1984）もいうように，組織からの現実逃避としてノイローゼになる人も多いのである。しかし，柴田によれば，以前は，このような現実逃避型のノイローゼが多かったのに，1980年代の前半頃から，過剰適応型のノイローゼが増え始めた。柴田は過剰適応状態を，本人が意識しないながらも所属組織へ自我を過剰に一体化させている心の状態としており，先ほどの田尾が会社人間の特徴として，組織に対する無自覚な過剰同調を挙げていたことと符合していることがわかる。

　柴田によれば，過剰適応症候群が発症するメカニズムは次のとおりである。まず我々は，誕生してしばらくは母親の庇護下にあり，母親の期待に応えることで，安定感を得る。それによって，不安や恐怖は覆い隠されると柴田はいう。こうして個人は他者と一体化することによって，自己を維持することを身につけていくことになる。しかし，この時点で自我は他者のなかに埋没しているのである。この状態が行き過ぎてしまうと過剰適応が生じる。それは自我が成熟しておらず，自己の存在が曖昧なために生じるのである。会社人間は，会社と一体化している自分を自己として受け止めることによって，心のバランスを維持していると柴田はいう。当然，このようなあり方は健全ではない。真の自己が疎外されているからである。まさに上田（1969）がいう，自己疎外の状態で

ある。柴田によれば「真の自己とは，このようなかかわりから離れ，個人とし
ての人格を持った一貫した己の存在である。」そして，「真の自己，つまり自我
が成熟し己の存在が確かであれば，対象と無理に一体化する必要もなく，おの
ずから対象とする現実との間に，フランスの精神医学者ミンコフスキーの言う
『生きる空間』という緩衝地帯が生まれ，自我が弾力性をもつようになる」の
である（柴田，1984，13頁）。さらにこのようなメカニズムに加えて，我々日本
人の場合は，伝統的な家族制度などの影響もあって，より一層過剰適応が生じ
るのだと柴田は指摘している。

　さて，柴田と同様の指摘を，すでに1976年に行っている精神科医がいる。小
此木である。小此木（1976）は会社人間という表現を用いてはいないものの，
当時問題になりつつあった，こうした現象を鋭くあぶりだしている。小此木に
よれば，組織との関係から生じる精神障害には，帰属意識欠乏型だけでなく，
帰属意識が過剰なために生じる帰属意識過剰型がある。日本人は職場にただ依
存するだけではなくて，むしろ積極的に職場と自分を同一化してしまう。つま
り，「仕事や職場と自分が一つに合体してしまう」（83頁）のだと小此木はいう。
しかし，ひとたび，企業ないし仕事とのこの一体感が崩れてしまうと，うつ病
が発症するのである。この点も柴田の指摘と同じである。さらに小此木は，日
本人の人間関係には，自分と自分が好意を向けている相手との間の区別がなく
なってしまうパターンが多いことを挙げ，問題視している。個人と組織の一体
化はそれらの間の境界を曖昧にしてしまう。

　能動的忠実型のフォロワーは，そのなかに観る我と従う我を抱え込み，両義
的な態度を有している。ただ，両義的な態度によってもたらされる緊張は，呑
み会や遊興などの気晴らしで軽減されるかもしれない。問題は，柴田のいうよ
うに，観る我が組織と一体化するか，もしくは組織に乗っ取られ，従我の機能
を促進してしまう場合である。この場合，観我が健全に機能していれば，まだ
問題はない。そこには自覚がある。しかし，観我が健全に働いていない場合，
従我の暴走を止めることができない。それが最悪のケースを生む時，過労死や
過労自殺へと至るのではないか。

2　フォロワーシップと内在化コミットメント

　ではここで，組織コミットメント研究を参考に考えてみよう。組織コミット
メントとは，一般的に組織との間の心理的距離を表す概念であるといわれてお
り，近年，忠誠心や帰属意識に代わる概念として多用されている。能動的忠実
型フォロワーによる組織に対する過剰適応，つまり会社人間の問題を考えるう
えで，組織コミットメント，なかでも内在化コミットメントと呼ばれる態度が
参考になると思われる。内在化コミットメンとはどのような態度なのか。理解
を深めるために，まずは組織コミットメントについて説明しておこう。

［1］　組織コミットメント

　西脇（1997）によれば，コミットメントとは人が同じ行動を継続することに
深く関連している。コミットすると，個人はその行動に縛りつけられるのだと
いう。こうした理解は，社会心理学領域における社会的影響研究の文脈に位置
づけられるように思われる。例えば，アブラムソンら（Abramson, Cutler,
Kautz & Mendelson, 1958）が示唆するところによれば，コミットメントは罰や
コストによって引き出される。コミットされた行動，つまり継続的な行動は罰
やコストの力によって余儀なくされるのである。また，社会的影響研究の大家
であるチャルディーニ（Cialdini, 1985）によれば，コミットメントとは立場を
明確にし，公言することである。立場を明確にしてしまうと，人間はある行動
を継続するように余儀なくされる。それは，我々が一貫性を維持したいという
動機を有しているからである。この点については，社会心理学の古典ともいえ
るフェスティンガー（Festinger, 1957）の認知的不協和理論や，ハイダー
（Heider, 1958）のバランス理論によっても明らかであろう。

　このようにコミットメントとは，一貫して継続的な行動をその個人に余儀な
くさせる何かであるということが理解できる。ここで個人は，受動的で消極的
な存在として位置づけられている。さて，これらの解釈を組織に対するコミッ

146

トメントに応用すると，どうなるであろうか。組織コミットメントとは，コミットメントの対象が組織であることを意味している。従って，組織に対する一貫して継続的な貢献行動を，組織に所属している個人に余儀なくさせる何かが組織コミットメントということになろう。

このように行動的側面に注目した組織コミットメント研究のなかでも，最も影響力があるとされている理論がベッカー（Becker, 1960）のサイドベット（side-bet）理論である。サイドベットは「副次的な賭け」などと訳されるが，ベッカーは組織に対する本来的な賭け（投資）よりも，それに付随して生じ，傍らに積みあがって行く副次的な賭け（投資）の方に注目したのである。また，こうした副次的な賭けが本来的な賭けよりも，その組織成員の行動を制約する条件になると考えた。

すなわち組織の成員は組織に対して労務提供という投資を行い，その報酬として賃金を得るが，こうした本来的な投資に付随して，彼／彼女たちはその組織で培ってきた人間関係や世間的な評価，安定した家庭生活といった組織的行為とは直接関係のない利益を享受するようになる。そして，こうした副次的な賭けによって得られる間接的な利益の蓄積が彼／彼女たちを組織に縛りつけると考えるのである。従って組織成員は，組織を離れた場合に失うものを計算して，組織に留まるか否かを判断することになる。

サイドベット理論における組織コミットメントはこうした組織成員の功利的側面に注目しているため，「功利的帰属意識」や「コストを基礎とした」コミットメントと呼ばれることもある。また，組織メンバーの価値観や情緒的側面よりも行動的側面に注目していることから，行動的コミットメントの代表的理論としても位置づけられているのである。縛りつけられるという表現からも明らかなように，これらのコミットメントには何らかの外的要因によって一貫した行動を余儀なくさせられるという側面が強い。チャルディーニのいう「公言」も，ここでいう外的要因に当てはまるだろう。自らの発した言葉が自らの行動を制約するのである。まさにコミットメントの訳語にもある「言質」である。

ところで，ベッカーと同じような議論をしている研究者が，1960年代の日本にもすでに存在していた。わが国を代表する社会人類学者，中根千枝である。中根（1967）は日本企業で働く者が，その企業に留まる理由を二つ挙げている。まず一つ目として，日本には職種別組合的なヨコのつながりがないため，他の会社に移るルートがないことを挙げている。そして二つ目の理由では，企業に勤める個人の集団成員との実際の接触の長さを個人にとっての社会的資本と措定したうえで，その資本は他の集団に転用できないものであるため，集団を変わることはその個人にとって非常な損失になるという説明を行っている。まさにこの後者の説明が，ベッカーの議論と近似しているといえるであろう。ちなみに，中根は日本人の移動性の少なさは，集団主義や忠誠心などによって説明されるものではなく，日本人を取り巻く社会的条件に対して個々人が行う，選択の結果であると主張している。

　さて，今日コミットメントは多義的に解釈されている。先ほどのコミットメントが外的要因によるコミットメントであるとすれば，次に紹介するのは内的要因によるコミットメントといってよいであろう。

　1960年代にベッカーのサイドベット理論が登場してしばらく後，1970年代になると，ポーターやマウデイを中心とするグループが，新たなコミットメント概念を確立することになる。彼らは組織コミットメントを組織の価値や目標の共有，組織に残りたいという願望，組織のために努力したいという意欲などによって特徴づけられる，組織への情緒的な愛着として定義づけた。こうした定義から理解できるように，前述のコミットメント解釈とは異なり，個人の組織行動を縛りつけるような外的要因はどこにも見当たらない。願望や意欲といった内的要因によって組織に対する貢献行動が継続することになるのだといえる。また彼らの開発したOCQ（Organizational Commitment Questionnaires）はもっともよく利用されるコミットメント尺度である（Mowday, Steers & Porter, 1979；Porter, Steers & Mowday, 1974）。

　同様にブキャナン（Buchanan, 1974）も組織コミットメントを，組織の目標や価値，目標や価値と関連した役割，そして組織そのものに対する偏向的，情

緒的な愛着と定義しており，同一視（identification），没入（involvement），忠誠（loyalty）を構成要件として挙げている。またオレイリーとチャットマン（O'Reilly & Chatman, 1986）は組織成員の態度変化に着目し，それが服従（compliance），同一視，内在化（internalization）の順に生じると考えた。

　このように組織コミットメントの定義に関する議論はこれら功利的・行動的なコミットメントと，情緒的・態度的なコミットメントを巡る議論に収斂しつつある。そしてこれらをうまく整理し，近年最も多くの研究者から支持を受けているのが，アレンとメイヤー（Allen & Meyer, 1990）の三次元モデルである（例えば Chiu & Ng, 1999；板倉，2001；Shore & Wayne, 1993；鈴木，2002）。アレンとメイヤーは組織コミットメントを愛着的（affective）コミットメント，存続的（continuance）コミットメント，規範的（normative）コミットメントの三つに分類して説明している。愛着的コミットメントとは，組織に対する愛着によってコミットメントが生じている状態であり，マウデイら（Mowday *et al.*, 1979）に代表される情緒的なコミットメントに対応している。次に存続的コミットメントは組織を離れる際のコストの知覚に基づくコミットメントであり，ベッカーに代表される功利的コミットメントに対応している。継続的コミットメント（鈴木，2002）や滞留的コミットメント（板倉，2001）と表現されることもある。そして規範的コミットメントとは，理屈抜きに組織にはコミットするものであるという観念に基づいて生じるコミットメントである。三次元モデルの特徴はこの規範的コミットメントを付け加えたことにあるが，これまでのところ，実証研究において規範的コミットメントが利用されているケースは少ない。

　さて，日本人研究者による，日本版組織コミットメント尺度の開発も試みられているので紹介しておこう。関本と花田は1985年に刊行された論文のなかで，日本人による組織的，体系的な実証研究がほとんどないという，当時の帰属意識研究の限界に触れたうえで，日本人労働者の帰属意識を適切に測定できるような尺度を開発しようと試みている。ただそうはいうものの，その当時，ポーターたちの研究を上回るものは国内外において存在していないとして，彼らは，

全く独自に尺度を作成するのではなく，ポーターたちによって開発されたスケールを参考にしている。そのうえで彼らは，ポータースケールでは日本的な情緒に訴えるような帰属意識がカバーされていないとして，「組織に従属安定したいとする強い願望」「滅私奉公，運命共同体意識といった伝統的な日本的帰属意識」「会社から得るものがあるうちは帰属していたいという功利的な帰属意識」といった三つの要因を加え，合計24項目からなる尺度を用意して分析を行っている。得られた回答を因子分析した結果，四つの因子しか抽出されなかった。つまり，当初想定された六つの因子は抽出されなかったのである。結局，彼らはポータースケール，すなわち，「組織の目標・規範・価値観の受け入れ」「組織のために働きたいという積極的意欲」「組織にとどまりたいとする残留意欲」と新たに追加した「会社から得るものがあるうちは帰属していたいという功利的な帰属意識」の4因子構造からなる尺度を作成したことになる。日本人労働者の帰属意識を測定するための尺度を開発しようと試みたにもかかわらず，日本的な帰属意識を表す因子は抽出されなかったのである（関本・花田，1985）。

　また，高木ら（1997）は，このスケールを使用した他の研究においても同様の4因子が抽出されてはいるものの，調査対象の特殊性などからこのスケールがどの程度の信頼性，妥当性を有しているのかは判断しがたいとしている。そこで，これらの問題を踏まえたうえで，高木ら（1997）は独自の尺度を開発したのである。彼らはメイヤーとアレンの研究に注目しながらも，他の様々な研究にも目を向け，それらにおいて用いられている項目のなかから，適切であると思われる項目を選定し，全部で69項目からなる質問紙を作成している。そして，被験者にこれら69項目からなる質問に対して5件法で回答してもらい，得られた回答を主因子法によって分析したところ，4因子が抽出されたとしている。4因子はそれぞれ，愛着要素（6項目），内在化要素（9項目），規範的（日本的）要素（5項目），存続的要素（4項目）と命名された。アレンとメイヤーの三次元モデルに内在化要素が追加された四次元モデルとも呼べる尺度となっている。また，規範的なコミットメントに関しては，日本人に特徴とされる「周囲の目を気にする」心理特性を問う項目が含まれており，ここにも本尺度

の独自性がうかがわれる。

　高木らの尺度は他の研究者によっても使用されており，今のところ最も影響力のある日本版組織コミットメント尺度といえるであろうが，問題がないわけではない。まず，高木自身の研究からも明らかなように，それぞれの因子を構成する項目が安定していない（高木，2003）。また，常に安定的に4因子解が得られないのも問題である。例えば松山（2002）では，愛着要素（6項目），存続的要素（5項目），内在化要素（5項目）が抽出されるのみとなっている。因子分析時に除外された項目が多いことも問題といえるかもしれない。さらに，それぞれの要素を構成している項目数にばらつきがあることも気になる。アレンとメイヤーの三次元モデルにおいては，それぞれの要素は8項目で構成されており，バランスが良い。こうした観点から考えると，日本版組織コミットメント尺度は，未だ発展途上の段階にあるといえよう。

　以上，組織コミットメントについて説明してきた。今回は，高木たちの研究によって抽出された内在化コミットメントに注目する。なぜなら，能動的忠実型フォロワーの心理特性を最もよく表している態度であると思われるからである。

　2　内在化コミットメントを用いた実証研究

　①問　題

　ではここで，内在化コミットメントを用いた実証研究について検討していこう。当初，高木（1997）らは，アレンとメイヤーの三次元モデルを確認する目的で，日本版の組織コミットメント尺度を開発しようとしていた。その結果，前述したように，四つの因子が抽出されることとなった。つまり，組織コミットメントを構成する要素が三次元にとどまらない可能性のあることが明らかになったのである。高木らはこれらの結果をみて，先行研究の情緒的要素が愛着要素と内在化要素に分離したと解釈している。そして，これら2因子の関係について検討することの必要性を訴えている。Allen & Meyer（1990）では愛着要素に含まれていた内在化要素を，情緒的要素の一部として捉えて良いのかと

いう問題提起である。

　高木はその後，ホテルや化学繊維企業など7社に勤務する従業員を対象に同様の調査を実施している（高木，2003）。組織コミットメントを測定する質問項目については，前述の調査によって絞られた24項目から成る尺度が用いられている。調査，分析の結果，有効な因子が四つ抽出され，その内容からそれぞれ内在化要素（7項目），愛着要素（7項目），規範的要素（4項目），存続的要素（3項目）と命名された。残りの項目は除外されている。この研究においても，四次元モデルが確認されたことになる。また因子は四つ抽出されなかったものの，内在化要素が抽出された研究もある。先に取り上げた松山（2002）である。

　以上のように，日本版組織コミットメント尺度が考案され，調査された結果，Allen & Meyer（1990）とは異なる結果が生じることとなった。特に異なっている点は，内在化要素が分離され抽出されたことであろう。高木らもいうように，Allen & Meyer（1990）の尺度をそのまま日本語に訳しただけでは，日本企業に従事する労働者の実情に沿わない点もあるため，多少の修正と新たな項目が追加されたことも要因であろうと思われる。しかし，こうした要因を考慮したとしても，三つの研究において内在化要素が抽出されたことを看過するわけにはいかない。

　これまでの組織コミットメント研究において，内在化要素に最初に注目したのは，O'Reilly & Chatman（1986）である。二人は，社会的影響による態度変化について考察された Kelman（1958）を参考に，独自の研究を行っている。Kelman（1958）は他者からの影響を受けた個人の態度は，服従（compliance），同一視（identification），内在化（internalization）の順に変化すると考えた。O'Reilly & Chatman（1986）は，これらの態度を組織コミットメント概念に応用したのである。すなわち服従とは，共有された信念があるから組織に帰属するというわけではなく，単に固有の報酬が得られるから帰属しているという態度を示している。功利的，道具的なコミットメントであるといえる。同一視は，満足のいく関係を構築し維持しようとするときに生じるとされる。その際，個人は組織の一員であることに誇りを感じており，組織の価値や目標を尊重して

いる。ただし，価値や目標はあくまでも組織のものであり，一体化するまでには至っていない。最後に内在化は，帰属していること自体が，その個人にとって内発的な報酬である場合に生じるとされる。個人の価値が組織の価値と一致しているからである。

　このように概念化を施したうえで，彼らは実証研究を行っている。まず組織コミットメントに関しては，先行研究を参考に21の質問項目を設定したうえで，大学職員と大学生それぞれに対して調査を行い，得られた回答を因子分析した結果，内在化因子（5項目），同一視因子（3項目），服従因子（4項目）を抽出している。さらに，役割外行動や役割行動についても尋ねており，それらを目的変数，組織コミットメント因子を説明変数とする重回帰分析を行った結果，同一視因子が安定的に役割外行動に対して正の影響を及ぼしている一方で，内在化因子は大学生を対象とした場合のみ，役割外行動に対して少し弱い正の影響を有していることを明らかにしている。

　同様に高木ら（1997）では，内在化コミットメントとモチベーションの関係が分析されている。相関分析の結果，両者の間に強い正の相関があることが確認されている。また高木（2003）では，積極的発言，勤勉さ，行事参加，同僚配慮と呼ばれる組織行動を目的変数とし，前述した四つのコミットメントを説明変数とする重回帰分析が行われた結果，これらの行動すべてに対して，内在化コミットメントのみが正の効果を有していることが明らかになっている。最後に，松山（2002）では，モチベーションを目的変数とし，前述した三つのコミットメントを説明変数とする重回帰分析が行われた結果，愛着要素と内在化要素が正の影響力を有していることが確認されている。このように組織コミットメントの内在化要素はモチベーションに対して正の影響力を有していることが推測される。では，精神的健康に対してはどうであろうか。

　同じく松山（2002）では，内在化コミットメントがメンタルヘルスに対して，比較的小さな負の効果を有していた。その負の効果は，存続的コミットメントがメンタルヘルスに対して有していた効果とほぼ同じ大きさであった。モチベーションに対しては正の効果を有する一方で，従業員の精神的健康に対しては

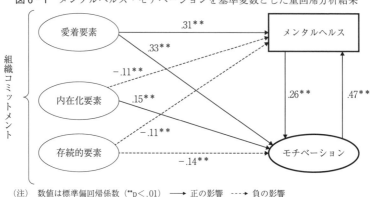

図6-1 メンタルヘルス・モチベーションを基準変数とした重回帰分析結果

(注) 数値は標準偏回帰係数(**p＜.01) ──▶ 正の影響 ┄┄▶ 負の影響

負の効果を有しているということなのである（図6-1）。

　このように内在化コミットメントは，極めてユニークな態度であることが理解できる。働く意欲に対しては正の影響を有する一方で，精神的健康に対しては負の影響を有しているのである。欧米の研究では抽出されなかったこのコミットメントは，日本人にとって特徴的な態度である可能性が高い。そしてそれはまた，能動的忠実型フォロワーに特有の態度であることを示唆している。

　改めて，Kelman（1958）やO'Reilly & Chatman（1986）の定義を踏まえて考えるなら，彼らのいう服従は存続的（外発的）コミットメントに，同一視は愛着的（内発的）コミットメントに，そして内在化は内在化コミットメントに対応していると思われる。そして，最も好ましい状態は同一視，つまり愛着的にコミットしている状態であると思われる。ここで，フロイトによる論考が参考になる（Freud, 1921）。フロイトは，同一視とほれこみという行動を比較して論じているが，ほれこみとは，我々が論じている内在化に近いと考えてよいであろう。フロイトによれば，同一視の段階では，その対象の特性によって，自己を豊富にする。その対象が組織であるならば，組織の特性が同一視しようとしている自己を豊富にするということである。その場合，対象は失われているか，放棄されてしまっており，そのとき対象は自我の中で再建されるのだという。一方，ほれこみにおいては，自我はますます無欲で，つつましくなり，対

象はますます立派に，高貴なものになる。その結果，自我の自己犠牲が起こっ
てくるとフロイトはいう。さらに，自我は貧しくなり，対象に身を捧げて対象
を自己の最も重要な部分の代わりにするというのである。同一視の段階では，
自我のなかに対象がある。しかし，ほれこみの段階では，それが逆転している。
すなわち，同一視の段階では，対象との間の心理的距離が適度に保たれている
ため，観我が健全に機能しているのに対して，ほれこみ，つまり内在化の段階
では，心理的距離がなくなってしまっており，観我は対象に取って代わられて
しまっているのである。

　以上の議論を踏まえて，内在化コミットメントがモチベーションには正の影
響を及ぼす一方で，メンタルヘルスに対しては負の影響を及ぼす両義的な態度
であることを確認するために，次のような調査を行った。

　②調査概要

　調査は近畿大学経営学部スポーツマネジメントコースに在籍し，「リーダー
シップ論」を受講している学生を対象に実施された。講義時間中に質問紙を配
布し，無記名で回答されたものを，同じく時間中に回収した。対象者数は122
名，有効回答数は91（有効回答率74.6％）であった。有効回答者の属性は次の
通りである。女性は12名（13.2％）であった。所属しているクラブは17に及ん
だ。最少人数はソフトテニス部の１名，最多人数はラグビー部の17名であった。
個人競技のクラブに属している者は48名（52.7％）であった。学年は全員２年
生であった。

　③分析指標

・組織コミットメント

　高木ら（1997）で使用された項目を参考に，「組織」という表現を「クラブ」
に変えるなどの修正を加え，さらに独自に考案した項目を追加して22項目とし
た。回答については「非常にそう思う」から「全くそう思わない」までの５段
階で求めた。主因子法により因子分析を行い，３因子を得た。バリマックス回
転した後，他の因子との整合性を勘案し，負荷量の絶対値が.45以上の項目を
採用した（表6-2）。累積寄与率は60.44％であった。それぞれの因子は，その

表6-2 組織コミットメントの因子分析結果

項目内容	平均	標準偏差	愛着	内在化	外因
このクラブが気に入っている	3.70	1.06	.81	.26	-.09
このクラブで本当によかったと思う	3.92	0.98	.74	.26	-.03
このクラブに入ったことは，明らかに失敗であった	2.35	1.10	-.73	-.28	.05
このクラブにいることが楽しい	3.91	0.98	.71	.33	.06
もう一度入るとすれば，同じクラブに入る	3.22	1.21	.70	.06	.13
このクラブのためなら，人並み以上の努力を喜んで払うつもりだ	3.76	0.97	.63	.43	-.05
今まで積み上げてきたものを考えると，このクラブを辞めるわけにはいかない	4.34	0.87	.61	.34	.28
今このクラブを辞めても，もったいないとは思わない	2.38	1.19	-.52	-.06	-.23
このクラブにとって重要なことは，私にとっても重要である	3.65	1.05	.22	.78	.13
このクラブの問題が，あたかも自分自身の問題であるかのように感じる	3.52	1.09	.16	.78	.09
いつもこのクラブの人間であることを意識している	3.89	0.97	.28	.68	.11
このクラブを辞めたら，家族や親戚にあわせる顔がない	3.97	1.22	.18	-.07	.78
このクラブを辞めると，人になんと言われるかわからない	3.51	1.27	-.04	.14	.72
クラブを辞めることは，世間体が悪いと思う	3.45	1.33	-.04	.10	.71
今このクラブを去ったら，私は罪悪感を感じるだろう	3.68	1.18	.43	.08	.59
このクラブを離れたら，どうなるか不安である	3.36	1.24	.36	.23	.52
このクラブで活動を続ける理由の一つは，ここを辞めることがかなりの損失を伴うからである	3.21	1.19	-.13	-.10	.49
このクラブを辞めたいと思っても，いますぐにはできない	3.86	1.23	.04	.21	.46
〈不採用項目〉					
友人に，このクラブがすばらしい活動の場であると言える	3.36	1.17	.65	.56	.07
今，このクラブを辞めてしまうと，ここで得たものを失ってしまうことになるのでやめることはできない	3.97	1.19	.53	.10	.49
クラブのために力を尽くしていると実感したい	3.84	1.06	.48	.49	.27
このクラブのためだけに苦労したくない	3.07	1.10	-.48	-.50	.07

内容から判断して，第一因子を愛着的コミットメント，第二因子を内在化コミットメント，第三因子を外因的コミットメントとした。本研究においても，存続的コミットメントと規範的コミットメントは分離されなかったため，このように命名した。それぞれの信頼性係数 a は順に，.89，.83，.81であった。すべて.80を超えており，それぞれの因子の信頼性は高いといえる。

・モチベーション

高木ら（1997）で使用された13項目から6項目を抜粋して構成した。質問項目の「仕事」という表現を「クラブ活動」に改めた。具体的な質問項目は「私は心からクラブ活動に喜びを感じる」「私はクラブ活動にとても生きがいを感じる」「私は今のクラブで活動していることに誇りを持っている」「クラブ活動が楽しくて，知らないうちに時間が過ぎていく」「我を忘れるほどクラブ活動に熱中することがある」「私はいつも少し早目に行ってクラブ活動の準備をしている」である。信頼性係数 a は.87であった。

・メンタルヘルス

橋本・徳永（1999）で作成されたメンタルヘルスパターン（MHP）尺度35項目を用いた。尺度は，「種々のストレッサーを不快・恐れとして認知することによって生じた心理的，身体的，社会的な歪みの状態」を測定するストレスチェックリスト30項目と，「生活の満足感や生きがい，あるいはそれらを含めた Quality of Life （QOL）」を測定する5項目（例えば，「しあわせを感じている」）で構成されている。さらに心理的ストレスは「こだわり（例えば，「心配ばかりしている」）」と「注意散漫（例えば，「一つのことに気持ちを向けていることができない」）」，身体的ストレスは「疲労（例えば，「何となく全身がだるい」）」と「睡眠起床障害（例えば，「寝つきが悪い」）」，そして社会的ストレスは「対人回避（例えば，「人と話をするのがいやになる」）」および「対人緊張（例えば，「見知らぬ人が近くにいると気になる」）」と命名されたそれぞれの下位尺度から成り立っている。回答については，「非常にそう思う」から「全くそう思わない」までの5段階で求めた。尺度の信頼性係数 a は.94であった。

・統制変数

本研究では，内在化コミットメントの純粋な影響力を分析するために，性別と競技種別を統制変数とした。競技種別とは，学生の所属しているクラブ競技が個人競技に分類されるか，団体競技に分類されるかを表している。

④分析結果

表6-3に本研究で用いた変数の平均値，標準偏差および変数間の相関係数

表6-3　平均値，標準偏差および相関係数

変数	平均	標準偏差	1	2	3	4	5	6
1　性別	0.87	0.34	−					
2　競技	0.47	0.50	.37**	−				
3　愛着的コミットメント	3.77	0.79	− .17	− .05	−			
4　内在化コミットメント	3.68	0.89	− .22*	.05	.51**	−		
5　外因的コミットメント	3.58	0.85	.14	.17	.26*	.26*	−	
6　モチベーション	3.27	0.84	− .03	.04	.75**	.60**	.29**	−
7　メンタルヘルス	3.23	0.62	− .09	− .13	.42**	.09	− .10	.41**

N＝91，性別（女性＝0，男性＝1），競技（個人競技＝0，団体競技＝1）
**；p＜.01　*；p＜.05

を示している。内在化コミットメントは男性の方が女性よりも有意に低いという結果となっている。すべての変数において，競技別の差異はみられなかった。また，愛着的コミットメントは他のコミットメントおよびモチベーション，そしてメンタルヘルスとの間に正の相関関係を有していた。内在化コミットメントは他のコミットメントとモチベーションとの間に正の相関関係を有していた。

　次に，内在化コミットメントのモチベーションおよびメンタルヘルスに対する影響力を明らかにするために，階層的重回帰分析を行った。具体的に，まずモチベーションを目的変数としたうえで，統制変数として性別ダミー（女性＝0・男性＝1），競技ダミー（個人競技＝0・団体競技＝1）を投入し，愛着的コミットメント，外因的コミットメント，メンタルヘルスを投入した（モデル1）。続いて，説明変数として内在化コミットメントを投入した（モデル2）。次に，メンタルヘルスを目的変数としたうえで，統制変数として性別ダミーと競技ダミーを投入し，同様に愛着的コミットメント，外因的コミットメント，モチベーションを投入した（モデル3）。続いて，説明変数として内在化コミットメントを投入した（モデル4）。表6-4はこれらの階層的重回帰分析の結果をまとめたものである。

　階層的重回帰分析の結果からそれぞれの説明力についてみてみると，モチベーションを目的変数とした重回帰分析の結果はどちらも.60を上回っており，比較的高い説明力を有していることがわかる。一方，メンタルヘルスを目的変数とする分析結果の方は，.30前後と少し低い説明力となっている。内在化コ

第6章　日本的フォロワーシップとメンタルヘルス

表6-4　重回帰分析の結果

目的変数	モチベーション		メンタルヘルス	
	モデル1	モデル2	モデル3	モデル4
説明変数	β	β	β	β
性別（女性＝0）	.06	.13[+]	.04	− .02
競技（個人競技＝0）	.05	.01	− .10	− .07
愛着的コミットメント	.67*	.51**	.28[+]	.29*
外因的コミットメント	.11	.07	− .24*	− .21*
メンタルヘルス	.15[+]	.19*		
モチベーション			.28[+]	.40*
内在化コミットメント		.33**		− .24*
R^2	0.600**	0.676**	0.268**	0.302**
$\triangle R^2$		0.076		0.034
F変化量	25.503**	19.619**	6.210**	4.094*
N	91	91	91	91

** ; p＜.01　* ; p＜.05　+ ; p＜.06

ミットメント以外の変数とモチベーションの関係についてみてみると，愛着的コミットメントとメンタルヘルスがモチベーションに対して正の影響力を有していることがわかる。また，内在化コミットメント以外の変数とメンタルヘルスとの関係については，愛着的コミットメントとモチベーションが正の影響を，外因的コミットメントは負の影響力を有していることがわかる。

　次に，内在化コミットメントがモチベーションおよびメンタルヘルスに対して有している影響力について確認する。表6-4からわかるように，内在化コミットメントはモチベーションに対しては正の影響力を有する一方で（モデル2），メンタルヘルスに対しては負の影響力を有していることが見て取れる（モデル4）。つまり，内在化コミットメントが強いほど，メンバーのメンタルヘルスは悪くなるのである。

　⑤考　察

　本研究ではこれまで，Allen & Meyer（1990）では抽出されることのなかった内在化コミットメントに注目して議論を進めてきた。そこで今回は Allen & Meyer（1990）を基本に，高木ら（1997）が独自に開発した日本版組織コミットメント尺度を用いて調査分析を試みたところ，三つの因子が抽出される結果

となった。ただ，これらの因子は Allen & Meyer（1990）とは異なり，愛着的コミットメントと内在化コミットメントが分離する一方で，規範的コミットメントと存続的コミットメントが分離しないという松山（2002）と同じ結果が現出した。民間企業に勤務する正社員を対象とした松山（2002）と，学生を対象とした今回の結果が同じであったということは，賃労働に従事しているか否かにかかわらず内在化コミットメントは存在するということを意味している。しかし，なぜ我々の尺度ではこの因子が抽出されるのか，また，内在化コミットメントは日本人特有の因子なのかという点については，継続的な研究が必要であろう。

　さて，本研究では内在化コミットメントが特に，メンタルヘルスに対して負の影響を有するという点に注目して研究を進めてきた。分析の結果は，所属クラブに対する内在化コミットメントが強いほど，メンタルヘルスが損なわれるということを意味している。一方，本研究では内在化コミットメントがモチベーションに対しては正の影響力を有していることも明らかになった。これらの点が，愛着的コミットメントとは異なっている。なぜなら，愛着的コミットメントは，モチベーションとメンタルヘルスどちらに対しても正の影響を有しているからである。内在化コミットメントがメンタルヘルスに対して負の影響を及ぼすのは，個人の価値や目標が組織の価値や目標の一部であるという状況が，観我を健全に機能させていないからである。能動的忠実型フォロワーの心的内部において観我は，ほれこみの対象である組織に取って代わられているため，本来の観我が抑圧され，疎外的状況に追いやられてしまっているのである。しかし，人格をコントロールすべき観我の位置に，組織が居座っているため，その人格は組織目標実現のために邁進する。その結果，モチベーションは高く映る。いわば，組織が直接その人格をコントロールしているようなものであるため，当然であろう。一方で，本来の観我は抑圧され，歪められているため，メンタルヘルスは蝕まれていく。本来コントロールすべき観我が機能していないため，その人格がたとえ疲弊していたとしても，本人でさえもそれを止めることができない。それが，過労自殺や過労死を生み出してしまうのである。

第6章　日本的フォロワーシップとメンタルヘルス

　このようにみてくると，唯一，モチベーションとメンタルヘルスに対して好ましい影響を有する愛着的コミットメントについて，さらなる考察が必要であるように思えてくる。この組織にいることが楽しい，この組織を気に入っているといった愛着を源泉としたコミットメントであるが，こうした感情を抱けるというのは，ある程度組織を客観的にみることができているからではないだろうか。上田（1969）がいうように，「のんでいる」状態とでもいおうか。ここには，組織を楽しむ余裕があるとは考えられないだろうか。この場合，内在化コミットメントと比較して考えるなら，愛着的コミットメントが強い個人においては，組織目標が個人目標の一部になっている可能性がある。つまり内在化コミットメントの場合と反対である。だからこそ，余裕も生まれるし，組織を客観視することも可能となるのである。対象を客観視するということは，そこに，対象を客観視している主体者がいることを意味している。その主体者こそが観我なのである。このように愛着的コミットメントにおいては，観我が主体者としての機能を発揮している。だからこそ健全なのである。

　この点については，山崎（1984；1990）による一連の議論が参考になる。山崎（1984）によれば，人間の自我が成立する条件は，意識が外界の対象だけでなく，自分自身を振り返って意識していることである。もし，自分自身を意識していないようであれば，この自我は，ただ目前の対象に心を奪われているだけで，それだけのゆとりをもてていないことになる。自我の最大の特色はそれが自由であること，すなわち，自分が自分自身に対して支配者となることであるから，自分自身を意識していない自我は，自分自身を支配していないということになる。当然，そこに健全な自我が確立されているとはいえないだろう。また山崎（1990）によれば，人間的な楽しみのためには「われを忘れること」からの解放が必要である。われを忘れるとは，なりふり構わず行動に没頭することであるが，これは，目的実現のために自己を完全に手段化することであると，山崎（1990）はいう。本研究に照らせば，内在化コミットメントの強い個人は，組織目標に没頭し，その実現のために自己を手段化しているということになる。そしてこの状態にある個人は，仕事を楽しんでいないということが示

唆される。仕事を楽しむことができない状態の自我を不健全と考えるのかについては，議論の余地もありそうだが，いずれにしても，愛着的コミットメントが優勢である個人の方が，仕事を楽しむことができそうに思われる。なぜなら，そうした個人の方が，組織との間で均衡ある相互作用を営んでいるように思われるからである。この点について山崎 (1990) はジンメルの社交論を参考に，個人は集団への忠誠心の点でも一定の慎みが必要であると述べている。

　ただし，山崎の議論は，西洋的自我を過大評価しているようにも思われる。第4章でも触れたように，わが国において，観我を意識することは「私」の発現を意味している。西洋のように観我が顕在的にコントロールするよりも，むしろ潜在的に，見えない形でコントロールするというあり方をよしとする。日本ではまさに統合型フォロワーこそが，理想的なフォロワーなのである。

　最後に，注意しなければならないことがあるので付言しておきたい。高木 (2003) では，愛着要素が組織にとってポジティブな影響を有していないという結果が報告されている。この結果は，単に組織に対して愛着を有しているだけでは，モチベーションにはつながらないことを意味している。ハーズバーグが唱えたように，衛生要因に対して満足し，愛着を抱いているだけでは，仕事へのモチベーションが高まるわけではないのである。従って，組織は従業員の愛着的コミットメントが高いからといって，手放しで喜んでいてはいけない。例えば，組織目標がその個人の目標の一部となっていることと併せて愛着が生じているのでなければならないのである。

　以上，本章では，日本人に最も多いと考えられる，能動的忠実型フォロワーの心理構造について考えてきた。ケルマンの3類型に照らせば，能動的忠実型フォロワーは社会的影響を内在化させやすいタイプであることが明らかになった。それはフロイトのいう，ほれ込みの状態であり，健全な自我が維持されない危険性を秘めていた。日本の労働組織は，能動的忠実型フォロワーの精神的健康を維持するためにも，フォロワーの観我が組織との心理的距離を保てるようにマネジメントしていく必要があるだろう。次章では，こうした知見を踏まえ，フォロワーシップ・マネジメントについて考えていく。

第6章　日本的フォロワーシップとメンタルヘルス

参考文献

Abramson, E., Cutler, H. A., Kautz, R. W. & M. Mendelson, "Social power and commitment: A theoretical statement," *American Sociological Review*, 58(23), 1958, 15-22.

Allen, N. J. & Meyer, J. P., "The measurement and antecedents of affective, continuance and normative commitment to the organization," *Journal of Occupational Psychology*, 63, 1990, 1-18.

Becker, H. S., "Notes on the concept of commitment," *American Journal of Sociology*, 66, 1960, 32-40.

Buchanan, B., "Building organizational commitment: The socialization of managers in work organizations," *Administrative Science Quarterly*, 19, 1974, 533-546.

Carsten, K. M., Uhl-Bien, M., West, B. J., Petra, J. L. & R. McGregor, "Exploring social constructions of followership: A qualitative study," *The Leadership Quarterly*, 21, 2010, 543-562.

Chiu, W. C. K. & Ng, C. W., "Women-friendly HRM and organizational commitment: A study among women," *Journal of Occupational and Organizational Psychology*, 72, 1999, 485-502.

Cialdini, R. B., *Influence: Science and Practice*, Scott, Foresman and Company, 1985. （社会行動研究会訳『影響力の武器』誠信書房, 1991年）

Festinger, L., *A theory of cognitive dissonance*, Stanford University Press, 1957. （末永俊郎監訳『認知的不協和の理論：社会心理学序説』誠信書房, 1965年）

Freud, S., *Massenpsychologie und Ich-Analyse*, Intercultural Press., 1921. （小此木啓吾訳「集団心理学と自我の分析」井村恒朗・小此木啓吾他『フロイト著作集　第六巻』人文書院, 1970年, 195-253）

橋本公雄・徳永幹雄「メンタルヘルスパターン診断検査の作成に関する研究（1）：MHP尺度の信頼性と妥当性」『健康科学』21, 1999年, 53-62。

Heider, F., *The psychology of interpersonal relations*, Lawrence Erlbaum Associates, 1958. （大橋正夫訳『対人関係の心理学』誠信書房, 1978年）

板倉宏昭「情報化および組織コミットメントと組織貢献度の関係：コンピュータ関連企業営業職サンプルを用いて」『組織科学』34(3), 2001年, 67-81。

Kelman, H. C., "Compliance, identification, and internalization: three processes of attitude change," *Journal of Conflict Resolution*, 2, 1958, 51-60.

江春華「ハイコミットメントモデルの有効性についての考察：会社人間を中心にして」『現代社会文化研究』21, 2001年, 107-124。

経済企画庁国民生活局編『個人生活優先社会をめざして』大蔵省印刷局, 1991年。

松山一紀「メンタルヘルスと従業員態度および業績評価との関係：大手電機メーカーA社

を事例として」『日本労務学会誌』4(2)，2002年，2-13。

森岡孝二『企業中心社会の時間構造：生活摩擦の経済学』青木書店，1995年。

Mowday, R. T., Steers, R. M. & L. W. Porter, "The measurement of organizational commitment," *Journal of Vocational Behavior*, 14, 1979, 224-247.

中川宗人「会社と個人の関係をめぐる反省：1970〜2000年代の『会社人間論』に着目して」『年報社会学論集』24，2011年，144-155。

中根千枝『タテ社会の人間関係』講談社，1967年。

西脇暢子「組織へのコミットメントメカニズム」『経済と経済学』83，1997年，97-112。

小此木啓吾「精神医学からみた帰属意識の問題」『通産ジャーナル』9(8)，1976年，78-84。

O'Reilly, C. & Chatman, J., "Organizational commitment and psychological attachment: The effects of compliance, identification, and internalization, on prosocial behavior," *Journal of Applied Psychology*, 71, 1986, 492-499.

Porter, L. W., Steers, R. M., Mowday, R. T. & P. V. Boulian, "Organizational commitment, job satisfaction, and turnover among psychiatric technicians," *Journal of Applied Psychology*, 59, 1974, 543-565.

板倉宏昭「情報化および組織コミットメントと組織貢献度の関係：コンピュータ関連企業営業職サンプルを用いて」『組織科学』34(3)，2001年，67-81。

関本昌秀・花田光世「11社4539名の調査分析にもとづく帰属意識の研究（上）」『ダイヤモンド・ハーバード・ビジネス』10，1985年，84-96。

Shore, L. M. & Wayne, S. J., "Commitment and employee behavior: comparison of affective commitment and continuance commitment with perceived organizational support," *Journal of Applied Psychology*, 78, 1993, 774-780.

鈴木竜太『組織と個人』白桃書房，2002年。

柴田出「未成熟が生む自己埋没：会社人間の過剰適応症候群」『科学朝日』44(12)，1984年，11-15。

田尾雅夫編『「会社人間」の研究：組織コミットメントの理論と実際』京都大学学術出版会，1997年。

高木浩人・石田正浩・益田圭「実証的研究：会社人間をめぐる要因構造」田尾雅夫編『「会社人間」の研究：組織コミットメントの理論と実際』京都大学学術出版会，1997年，265-296。

高木浩人『組織の心理的側面』白桃書房，2003年。

内橋克人・奥村宏・佐高信編『会社人間の終焉』岩波書店，1994年。

上田吉一『精神的に健康な人間』川島書店，1969年。

Whyte, W. H., *The Organization Man*, Simon and Schuster, Inc., 1956.（岡部慶三・藤永保訳『組織のなかの人間』東京創元社，1959年）

山崎正和『やわらかい個人主義の誕生：消費社会の美学』中央公論社，1984年。

山崎正和『日本文化と個人主義』中央公論社，1990年。

第7章

日本におけるフォロワーシップ・マネジメント

わが社を，最もシンプルで，そしてナチュラルなやり方で経営できたら？ ナチュラル・ビジネスだ。

—— リカルド・セムラー『セムラーイズム』より

心の動きを動くがままに動かせて，その動きに身を任せきっている状態が， 美しい。

—— 木村敏『人と人との間』より

　本章では，これまでの議論を振り返りながら，これからの新しい組織や HRM のあり方について考える。新しいフォロワーシップの考え方を基礎に置くマネジメントという意味で，ここでは仮にフォロワーシップ・マネジメントと呼んでおこう。また，このマネジメントはある程度の普遍性を有しているとは思われるものの，やはり文化の影響を大きく受ける。Hofstede, Hofstede & Minkov（2010）によれば，組織理論は国民的パラダイムを暗黙の仮定とする。従ってここでは，日本人の精神構造に適合的なマネジメントについて語ることしかできないであろう。しかも，日本は依然として世界のなかでも特殊な国なのである。ホフステッドたちは，それぞれの国の人間が何を考えながら組織を作ったのかを検討して次のような結論に達している。すなわち，例えば，アメリカは「市場」について考え，フランスは「権力」をベースにして，また，中国は「家族」を念頭に組織を作るのに対して，日本は「日本」を意識しながら組織を作るというのである（Hofstede *et al.*, 2010）。これまでも本書では，日本に特有のフォロワーシップについて考えてきた。忠誠心は人類共通の精神であるとはいえ，武士道にみられるように，やはり他国との違いは明白であるようにも思われる。従って，やはりここでは前述したように，日本人の精神構造に

167

適したフォロワーシップ・マネジメントについて考えるべきなのであろう。では、まず日本の労働組織と労働者個人との関係について検討してみよう。そこに日本人労働者個人の精神構造と、労働組織が有する精神構造が垣間見えるはずである。

1　日本企業と個人

　前述したように、今日本では憲法が改正されようとしている。そのなかで、個人尊重の理念を希薄化しようとする動きがある。理由は、13条によって個人主義が助長されてきたことにあるという。果たして、個人主義は本当に助長されてきたのだろうか。ここで問題視されているのは、いわゆるミーイズム（自己中心主義）であって、個人主義とは異なるのではないのか。そもそも、これまで真に個人は尊重されてきたのであろうか。

［1］　日本企業における個人の捉え方

　広辞苑によれば、個人とは国家または社会集団に対して、それを構成する個々別々の人であり、特に深い意味は与えられていない。しかし、大辞泉では、所属する団体やその地位などとは無関係な立場に立った人間としての一人、という定義が与えられており興味深い。

　日本的経営の三層構造に着目し、なかでも最下層に位置する組織成員の心理特性を重視していた岩田によれば、日本と欧米では個人の捉え方が根本的に異なる（岩田，1977）。日本においても、欧米においても、個人を社会の構成員として捉える点については同じであるものの、欧米では、個人は契約によって社会と結びついている。例えば、民間企業に雇用される労働者をみればわかるように、彼や彼女たちは文書化された雇用契約に基づき、その企業の一員となる。雇用契約書には、その企業において求められる能力や技能が明示され、それに対する報酬としての賃金なども明確に記されている。個人は、組織において定められた職務を遂行するという意味で機能することによって、組織と結びつく。

従って個人は,「職務担当者」として位置づけられる。

　一方日本においては,個人は特定集団を介して社会と結びついていると,岩田はいう。同じく,一人の労働者を考えた場合,その労働者は職場と呼ばれる企業組織内部の特定集団に所属することを通じて,企業組織と結びつくのである。筆者も経験済みであるが,わが国において,細密な雇用契約が交わされることはまずない。特に新卒の場合には,必要とされる能力や技能は入社してから開発されるわけであるから,明記のしようもない。せいぜい初任給や就業場所についての記述がある程度であろう。つまり,日本において個人は,欧米のように契約によって組織と結びつくわけではない。岩田によれば,日本企業における労働者は,職場への所属を何よりも重視する。職場で果たす「機能」は二の次ということなのである。従って日本企業において個人は,職務担当者ではなく,職場の「仲間」として位置づけられる。

　こうした比較を通じていえることは,日本の場合,一人の労働者を個人と呼んでいいのかということである。大辞泉の定義を思い出してみよう。大辞泉によれば,個人とは,団体やその地位とは無関係な立場に立った一人の人間を指す。だとすれば,職場への所属を第一義に考える日本人労働者は,個人とは呼べないのではないか。なぜなら,彼や彼女たちは職場と無関係な立場に立つことができないからである。この点は,日本人は集団から孤立してしまうと自分がないという意識になる,という土居（1971）の言説と符合する。またさらには,他者との関係性において自らを捉えようとする一人の日本人を「間人」と表現した,浜口（1982）にも通じている。

　もちろん,一人ひとりの日本人労働者には,職場以外の所属集団が存在する。居住地域の集団や趣味の集団がそれである。しかし,欧米人と異なり,日本人は様々な集団に自らの資源を配分することに長けていない。岩田（1977）によれば,「欧米型の社会にあっては,個々人は,その自由選択にもとづいてさまざまの集団に参加し,個々の集団においては特定の,ごく限定された局面においてのみ他の個人との関係を保とうとする」（49頁）。つまり,欧米では,それぞれの関与集団との距離を一定に保つことによって,一人ひとりの人間がそれ

ぞれの団体と無関係な立場に立つことができるため，個人でいることが可能なのであろう。一方の日本人は，その人にとって最も重要な一つの集団に関与する傾向が強いと岩田 (1977) はいう。それ故に，日本人の場合，それは全人的埋没へと帰結しやすい。

[2] 責任概念が希薄な日本人

では，日本企業組織に個人がいないとすれば，組織を構成する一人ひとりの日本人はどのように捉えられるべきなのか。その一つの答えを提示しているのが，前述した浜口 (1982) による「間人」であろう。浜口 (1982) によれば，我々日本人は「個としての自立性を必要以上に求めようとはしない。むしろ相互間での依存が，社会文化的存在としての"人間"の自然的本態だ，と信じている」(52頁)。それ故浜口は，日本人を唯我的な主体性の保持者，つまり個人として捉えるよりも，「既知の人との有機的な連関をつねに保とうとする関与的主体性の持ち主，すなわち"間人"」(5頁) として捉えた方がより適切であると考えたのである。

ただ Nisbett (2003) の示唆によれば，このように，有機的な関連性もしくは組織体の一部分として自らを捉えるのは，中国などでも同様のようである。ニスベットは文化心理学者として欧米と東アジアを比較し，文化が人々の心理に与える影響を研究するなかで，古代中国人が「集合的な主体性」の感覚を有していたことを明らかにしている。物理的な固体として存在する一人の人間を主体と捉えることに意味はなく，主君と臣民，親と子といったように，相互に関係を有する複数の人間が一つになってこそ主体としての意味があるということなのであろう。この点に関してニスベットは別のところで，古代ギリシャ人が世界を対象物の集まりで成り立っていると考えていたため，「個―集合」という関係を自然に受容していたのに対して，中国人は「部分―全体」と捉えることの方に意味を見出していたと述べている。

こうした中国人による視点は，精神医学者である木村 (1972) の次のような言説とも符合する。木村 (1972) によれば，日本語の「自分」とは，自己を越

第7章　日本におけるフォロワーシップ・マネジメント

えたなにものかについてのそのつどの「自己の分け前」であり，この点が，恒常的同一性をもった西洋のセルフと異なっている。つまり，日本の場合，個人を越えたなにかがまずあって，個人はそこから演繹されるということなのである。個が先にあるのではない。そして，恐らくこの場合，そもそもそこには個人という感覚よりも，部分という感覚の方が強くあるに違いないのである。つまりこうした点において，日本も中国と同様であるということがいえる。

　さて，ニスベットのいう，集合的主体性とよく似た概念を日本人労働者に見出している研究は他にもある。組織文化論に大きな影響を与えた Pascale & Athos（1981）である。彼らは，当時の松下電器を調査分析するなかで，松下電器が教育哲学として相互依存の啓発に重点を置いていることを見出す。そして，西洋社会においては近代的自我の存在を重視し，幼いころより自立することを学ぶために，チームやグループとして共に機能的に働くために必要な，この相互依存の関係が形成されないと分析する。一方，日本では，「個人のなかに存在する自我（または自我の概念）は，成長をはばむ要素と見られて」（邦訳，167頁）おり，だからこそ日本人は他者への依存が抵抗なくできるのだという。西洋人は個々において独自のアイデンティティを確立しようとするが，日本人は，自己の周囲に存在する者を含めた「包括的アイデンティティ（inclusive identity, p. 122）」を成長させようとするというのが，彼らの見立てなのである。これは，ニスベットのいう集合的主体性とほぼ同じ概念とみていいであろう。これらからわかるように，日本企業組織においては，一人ひとりの労働者のみをその構成単位とするのは適切ではないのかもしれない。

　さて，同様のことは，岩田（1977）によっても論じられている。彼が示唆するところによれば，個人が明確に存在するためには，個人責任の意識が確立していなければならない。しかし，日本の企業組織において，個人の負うべき責任範囲は極めて不明確である。この点を岩田は，「包括的責任」と表現している。そしてまた，このことは岩田のいう，境界のない「義務の無限定性」とも通じている。権限や義務が曖昧だからこそ，責任の範囲が不明瞭となり，包括的な責任のとりかたになってしまうというのである＊。

＊　Chaleff（2015）は，リーダー一人に責任を負わせるのではなく，グループで責任を
とることを提唱している。フォロワーシップ・マネジメントでは，ここでいう包括的責
任とは異なる，集団責任のあり方が必要なのかもしれない。

ニスベットによれば，この点も日本だけではなく東アジアに共通する特徴の
ようである。ニスベットは，現代ヨーロッパ人の思考枠組の基礎となったのが，
古代ギリシャ人による物事の捉え方であるのに対して，現代東アジア人につい
ては，それが古代中国人による物事の捉え方であると考える。そして古代中国
人はギリシャ人と異なり，ものごとを属性に基づいて分類することを嫌ってい
たというのである。彼は古代の道家哲学者である荘子の次のような言葉を引用
している。「言葉や属性の境界をいかにして定めるべきか（中略）という問題
は，間違いなく人を誤った方向へと導く」（邦訳，157頁）。

このように，これまで日本の労働組織においては，個人という概念が確立さ
れてこなかったことがみてとれる。つまり，観我が弱い立場に留められていた
ということに他ならない。第5章で紹介したように，他律的ともいえる複雑で
脆弱な日本人労働者の帰属意識は，こうした点に原因があるのかもしれない。
また，個人の確立は意志決定や責任という概念と密接に結びついているように
思われる。日本人労働者の組織に対するコミットメントが，欧米人のそれより
も低いことに対して，Staw（1982）によるコミットメントの構造モデルを用い
て考察している Near（1989）によれば，コミットメントを予測する変数には
四つある。行動（決定）責任，行動（決定）の顕現性，行動（決定）の結果の
重要性，そして行動（決定）結果に対する責任である。ニアはこれらのうち，
責任の意識に注目し，決定と結果の個人的責任の意識が日本においてはアメリ
カよりも低いために，このような結果が生じたのではないかと考える。そして，
これは日本社会の構造的要因によるものだと示唆するのである。ニアが示唆す
るところによれば，日本人は労働生活に入るまでの間も，入ってから後も，自
己決定する機会を失っている。将来については，かなり以前から親によってほ
とんどのことが決定され，組織参入後も日本的慣行のために雇用に関する実質
的な選択肢は限られているため，本人が決定する機会はほとんどなく，それ故

第7章 日本におけるフォロワーシップ・マネジメント

に責任を感じないというのである。少々極端な考え方ではあるが，責任意識の
希薄さについては，これまでも述べてきたところであり，納得できる部分もあ
る。ニアはこうした文化の違いゆえに，西洋的なコミットメント概念が日本に
は当てはまらなかったのではないかという。そもそも，当該組織におけるメン
バーシップの継続しか選択肢のない日本人労働者に，今後も継続したいかと問
うのは意味のないことだというのである。

［3］ 選択しない日本人

　ニアもいうように，責任と意志決定は表裏一体である。自らで意志決定をす
るからこそ，自己責任の意識が芽生える。しかし，日本人は個人で意志決定，
つまり選択をしようとしない。この点に関して，盲目の女性研究者アイエンガ
ーの研究をいくつか取り上げてみることにしよう（Iyengar, 2010）。彼女は京都
滞在中にある調査を行った。アメリカ人と日本人の計100人の大学生を対象に，
人生の中で自分で決めたいことと，自分で決めたくないこと，つまり他人に決
めてほしいことをできる限りリストアップしてもらったのである。1枚の用紙
を受け取った大学生たちは，表面に前者を，裏面に後者を書くように指示され
た。結果は極端なものだった。アメリカ人学生たちは，表面のほとんどを自分
で決めたい項目で埋めたにもかかわらず，裏面はほとんど白紙だった。それに
対して，日本人学生が自分で決めたくないとする項目の数は，自分で決めたい
とする項目の数の2倍にもなったという。日本人はほとんどの事柄を自分で決
めたいとは思っていなかったのである。両者の回答結果を比較すると，アメリ
カ人が自分で決めたいとして挙げた項目数は，日本人の4倍にものぼったとい
う。

　彼女はまた，こんな研究結果も紹介している。指導教官であるマーク・レッ
パーと共同で行ったとされるこの研究は，7歳から9歳までの，アジア系アメ
リカ人（日系および中国系移民の子どもたちで，家庭では親の母国語で生活してい
た）とアングロ系アメリカ人を対象に行われた。子どもたちは事前に三つのグ
ループに分けられ，言葉のパズルをして，できた単語をマーカーで書くように

指示された。ここで第1グループとは，自己選択グループ，つまりパズルもマーカーも子ども自らで選択するグループである。第2グループは，非選択グループ，つまり実験者の方でパズルもマーカーの色も決めてしまうグループである。そして第3グループは，母親選択グループ，つまり母親に事前に確認したということにして，母親がパズルとマーカーの色をすでに決めているというグループである。結果はとても興味深いものであった。アングロ系アメリカ人において最も成績が良かったのは自己選択グループで，非選択グループの4倍，母親選択グループの2.5倍もの問題を正しく解いたというのである。また他の二つのグループに比べて，自由時間にこの課題に取り組み続けた時間が3倍も長かった。これは，子どもたちの課題に対する内発的動機づけの強さを表している。アングロ系アメリカ人の子どもたちは，自己選択が可能なとき，成績もよく，内発的動機づけも高かったということになる。一方，アジア系アメリカ人において，最も成績がよく，意欲も高かったのは，母親選択グループであった。正解したパズルの数は，自由選択グループの1.3倍，非選択グループの2倍であった。また，課題終了後に，パズルを解き続けた時間は，自己選択グループの1.5倍，非選択グループの3倍だったというのである。

　最後に，彼女が1989年にシティコープというアメリカ資本の銀行で行った調査を紹介しておこう。彼女は，8カ国の営業所で働く2000人を超える窓口係と営業担当者を対象に調査を行った。従業員のなかには，アングロ系，ヒスパニック系，アフリカ系，アジア系など，多様な人口学的，民族的背景をもつ従業員がいた。彼女はまず被験者に，仕事における選択の自由度に関する質問に回答してもらった。その結果，アングロ系，ヒスパニック系，およびアフリカ系アメリカ人が，日常業務を，自分の意思で選択可能なものとみなす傾向が強かったのに対して，アジアの営業所の行員とアジア系アメリカ人は，それほど選択の自由があるとは考えていないことがわかったのである。次に彼女は従業員たちに，仕事に対する意欲などについて回答してもらった。その結果，アジア系を除くすべてのアメリカ人において，選択の自由度が大きいと感じている人ほど，意欲，満足度，実績のいずれもスコアの高い傾向がみられた。逆に，仕

174

第7章　日本におけるフォロワーシップ・マネジメント

事が上司によって決められているという意識が強い人ほど，三つのスコアは低かったというのである。一方，これに対して，アジア系の行員全般においては，日常業務が主に上司によって決められているという意識が強い人ほど，スコアの高い傾向がみられた。

　これら三つの研究結果は何を物語っているのであろうか。三つの研究は，対象者が大学生，子ども，社会人と一様ではない。しかし，日本を含むアジア系の人々が自己選択よりも他者による選択を望み，他者によって選択されている状況において好成績を挙げ，意欲を高めているという点では共通性を有していた。アイエンガーは，シティコープでの調査から明らかになったこととして，人々が自分に与えられていると感じていた選択の自由度が，彼らが望ましいと考えていた自由度の大きさに一致していたということを取り上げている。つまり，日本を含むアジア系の人々は，社会人でさえも，どちらかといえば他者による選択を望んでいるということなのである。また，母親や上司といった重要他者との関係が，成果に対して好ましい影響を有することも示されている。一見，これらの結果をみれば，特に問題はないようにみえる。上司に十分な時間があり，部下のケアをすることが可能であれば，成果は出るであろう。しかし，第1章でも論じたように，日本企業においては，既に現時点でリーダーや上司が機能不全を起こしている。今後，管理職に就きたくない若手層が多くなることも踏まえて考えるなら，これまでとは異なる組織運営の方法を考えていくしかないのである。そしてその新しい組織を担っていけるのは，自己責任を自覚して組織に対峙できる人間でなければならない。それは，松山（2014）で示した自律的役割人間であり，そしてこれは，まさに本書で論じてきた統合型（プロアクティブ）フォロワーであるといえる。観我と従我がバランスよく調和したとき，両者は潜在化し，フォロワーとしての人格が確立することによって，世界と対峙することが可能となる。そのとき，そのフォロワーは組織にとって必要な貢献行動を自然に遂行することができる。従って，能動的忠実型フォロワーが多い日本では，今少し観我を強化する必要がある。なぜなら，観我が弱いために従我との統合が果たされていないからである。では，観我を強化する

175

ためには何が必要なのだろうか。

2　自然人モデル

　上司やリーダーとの関係性を基礎とした運営が可能な組織は，そのままでも
問題ないだろう。ここで論じたいのは，その関係性に依存できない組織のため
の処方箋である。まず，これからの日本企業に必要とされる人間モデルについ
て考えてみたい。組織が運営されるなかで，基礎となる人間像である。これま
で経営管理論においては，様々な人間モデルが想定されてきた。経済人モデル，
社会人モデル，そして自己実現人モデルといったように，労働者の欲求次元が
高度化するのに伴って，組織運営の基礎となる人間像が変化してきた。組織は
これらを指針として，組織管理を行ってきたのである。しかし，こうした人間
モデルは労働者の欲求が組織において充足されることを強調するあまり，特に
日本においては，労働者を組織に閉じ込め，囲い込むことを助長してきた（太
田，2001）。これからは，統合型フォロワーにふさわしい人間モデルが必要で
ある。

　ここで，再び木村（2008）を参考にしてみよう。木村は「自分」の自という
文字に着目し，「自」が「おのずから」と「みずから」という二つの意味を有
していることに言及していた。そして「『おのずから』が，主体の営為が加わ
らないで，ものごとがひとりでに生成存在することであるのに対して，『みず
から』は主体の側の自主的な能動的行為に関していわれることであるから，こ
れは一見正反対の事態を一つの文字で表しているように見える」（27頁）と述
べていた。ここで一人の人間にフォーカスしたときには，「おのずから」が従
我に，「みずから」が観我に対応しているといえる。そして統合型フォロワー
の行為は，観我と従我が統合されたうえでの行為であるため，それはおのずか
ら生じている自然な行為として映るのではないだろうか。そのとき，統合型フ
ォロワーは組織とも統合されているといえるのかもしれない。そこでは，誰か
が何かを行っているというよりは，何らかの行為が生じているといった表現の

第7章 日本におけるフォロワーシップ・マネジメント

方がふさわしいように思われる。まさに，フォレットが命令の非人格化を唱え
るなかで，状況の法則を見出すことの重要性を訴えていたように，統合型フォ
ロワーは状況の法則を見出すことによって，状況のなかに溶け込んでいくので
ある。さらにいえば，これは組織的なフロー現象ともいえるかもしれない。

　いずれにしても，これからの日本人は観我を強化していくことが求められる。
そして観我を強化していくためには，労働者をひとりの個人として捉えること
が必要となる。そのためには，労働生活にのみ資源を配分していてはいけない。
それでは会社人間化してしまうからである。

　いうまでもなく，人間は様々な生活領域と関わりながら生きている。その個
人を，外界に位置する生活領域との関わりから捉えようとするのが，ミード
(Mead, 1934) を嚆矢とする社会的自我論の立場である。最近，芥川賞作家で
ある平野 (2012) が提唱している「分人」なる概念も，この社会的自我に相当
すると考えてよいであろう。ここで「分人」とは，対人関係ごとの様々な自分
を指している。また，ミードの思想を労働者の行動分析に応用したデュービン
ら (Dubin, Chamoux & Porter, 1975) が，現代都市社会という複雑な環境に生き
る個人を，multiple-self citizen と呼んでいるのも同じ文脈に位置づけること
ができよう。我々は皆，多層的に位置づけられた自己 (multiply-situated
selves) として思考し，行動しうるのであり，常に状況付けられているといえ
る (Sandel, 1996)。

　職場において多層的に位置づけられている一人の労働者も，労働生活以外の
様々な生活領域を有しており，職場外の他者との関係性から生じる様々な役割
を引き受けている。あくまでも，労働生活はそれらの一部に過ぎない。それが
図7-1に示されている。一人の人間の全人格内には，様々な生活領域に対応
した人格が共存している。ここでは例として，組織人格*と家庭人格，そして
趣味の領域に対応した人格といった三つの人格を想定して描いている。もちろ
ん，これ以外にも様々な生活領域を有する個人はいるであろう。また，これら
の人格間には，その優勢さにおいて違いがあるだろう。会社人間では，全人格
のなかで組織人格が最も優勢になっているはずである。また，ライフステージ

177

図7-1　自然人モデル

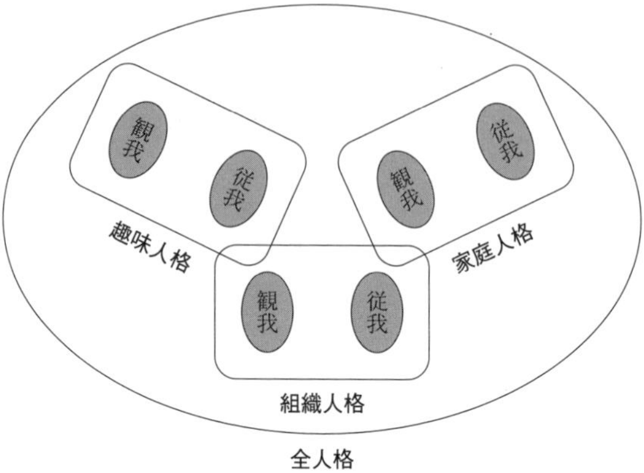

観我
従我
観我
従我
観我
従我
趣味人格
家庭人格
組織人格
全人格

や様々な状況によって，人格間の序列は変化するであろう。さらに，それぞれの人格には，人格固有の観我と従我が備わっている。

　＊　ここでいう組織人格は，第3章で取り上げたバーナードの組織人格とは異なる。なぜなら，バーナードは組織人格に人格的行為の非人格化を求めているからである。それは，観我を機能させない，従我だけの人格を意味している。

　しかしこれまでの，日本的経営においては，労働者を囲い込んできたために個人が確立されてこなかった。ジンメルもいうように，慎ましやかな忠誠心をそれぞれの生活領域に対して有することで，つまりは，一定の距離を保つことで自己性は維持される。従って，これからの日本企業は一人の労働者を，社会において多層的に位置づけられた人間として捉えることが必要なのである。労働生活領域が全体の一部となり，相対化されることによって，一人の人間の自己性ひいては観我が守られるのだといえる。それは，労働組織だけでなく，その人間が関わるすべての生活領域における調和を可能とする。というより，そうなって初めて真の調和が訪れるといえよう。そして，それがまさに自然な姿とはいえまいか。木村（2005）によれば，老子は自然を，「おのずからそのようにあること」として捉えていた。職場に，従業員の子どもが熱を出したという連絡が入り，とるものもとりあえず，その従業員が子どものもとに駆けつけようとする。そしてそれを職場が快く送り出す。これが自然な姿ではないのだ

ろうか。このように，組織のなかでも自然に振舞うことのできる人間を基礎とした管理モデルを自然人モデルと呼ぼう。そして，この理念に貫かれた経営を自然体経営と呼びたい。

さて，状況に溶け込むという表現は誤解を招くかもしれない。日本ではよく，空気を読むことが求められる。集団内では，過剰なほどに同調圧力が働くからである。ここで，観我が目を閉じて，組織に同調しているようでは意味がない。観我が従我と統合されたうえで，組織との統合が図られるのが理想である。それが自然な状態を生み出す。統合して消えてしまったとしても，観我は潜在的に機能している。ただ，みえないだけなのである。

3　日本的 HRM フローにおけるフォロワーシップ・マネジメント

では，ここからは，実際の HRM において，どのようなフォロワーシップ・マネジメントが可能であるのか考えてみよう。近年，進化型（ティール）組織と目される組織の存在が明らかになってきた（Laloux, 2014）。それらの組織において実践されているルールや慣行も参考にしたい。ここではそういった数々の知見も取り入れている。ただし，ここで論じる内容は，あくまでも思考実験の域を出ない。

［1］ 採用と配属

通年採用や中途採用が増加してきたとはいえ，依然としてわが国では新卒一括採用が主流である。高校や大学を卒業すると同時に，漏れなく就職をすることが当たり前とされる。ここにはそれ以外の選択の余地がほとんどない。先ほどの Staw（1982）の議論にもあったように，こうした日本の構造的問題は観我の成長を阻むことになる。従って，フォロワーシップ・マネジメントを実践しようとする組織は，通年採用に切り替えるべきである。そして，後でみるように，自組織の価値や文化を理解できる人材像を明確にして，その都度採用を行うべきである。また人事部や採用課といった，中央集権的なスタッフ組織に

よる採用ではなく，各部署や職場単位で採用を実施した方がよいのではないか。また，フォロワーシップ・マネジメントでは，候補者の選考に時間を要すると思われるため，長期型のインターンシップを併用することが望ましいと思われる。

　もし，このような組織が今後増加していけば，大学などの教育機関も変容せざるを得なくなるだろう。例えば，大学4年生の1年間をインターンシップ期間と定めて，学生は複数の企業において長期型インターンシップを受講することになるかもしれない。また，それに対して企業は，受け入れた学生を様々な部署に配属して，その適正を見極めることが可能となる。それは選考を兼ねたインターンシップとなり，職場で認められた学生は採用されることになる。もし，このように採用前の適性確認が不可能であれば，入社後2〜3年間は，社内インターンシップの期間と定めてもいいかもしれない。その間，様々な職場を経験させて，適性を見極めていくのである。それは，本人に職種選択という自覚を促すことになり，観我を鍛えることにもなるだろう。さて，入社後約3年の社内インターンシップを終えたものの，組織自体に不適合であることが明らかになる場合もあるだろう。そこで，「入社3年後労働市場」を形成することも必要になるかもしれない。組織心理学の父と呼ばれるシャインによれば，正規の仕事を3年経験した頃から，ようやく本当に自分のやりたいことがみえてくる。こうした意味においても，3年後に改めて組織と個人のマッチングを見直すことは重要であるように思われる。

2 異　動

　基本的に組織都合の異動という概念はない。これまでの日本企業の慣行では，スペシャリストよりもジェネラリストを養成するという志向性が強かったために，多くの無駄やコストが生じていた。特に，サクセッションプランなどで，経営幹部を育成するために候補者を転々とさせるのは，本人にとっては良い経験になっても，その下で働く従業員たちにとっては大きな迷惑である。部下の方は，何もわからない上司にレクチャーをし，事細かに報告をしなければなら

ないし，上司の方は，上司として振舞おうとするあまりに，よくわからないまま，筋違いな指示命令をしてしまう。これでは，部下たちのやる気がそがれるのも無理はないだろう。それ以上に，この上司のために割かれる時間と手間は，組織効率を阻害してしまっている。フォロワーシップ・マネジメントでは，本人の意思が最も重要とされる。従って，原則として本人が異動したい場合のみ，それが行われる。いわゆる自己申告である。もちろん，人員補充などの組織ニーズによって，異動が必要な場合もあろう。その場合は，社内公募制度を用いればよい。フォロワーの成長は，フォロワー自身が考えるのである。ここにも本人選択を重視する思想が貫かれている。

3 人材開発

　フォロワーシップ・マネジメントを標榜する組織においては，メンバーをフォロワーに育てることがまず求められる。第2章で，これまでの研究や知見に基づいて，現時点での一般的なフォロワーの定義を示しておいたが，少し上司やリーダーを意識しすぎた定義になっていたかもしれない。これからの新しいマネジメントでは，フォロワーと呼ばれる従業員は，組織に対して直接的な貢献を求められるのである。従って，ここでいうフォロワーとは，組織に適応し，組織の価値や文化を体現し，フォレットのいう，状況の法則を読み取り理解することによって組織に貢献することのできる組織人のことを指す。すなわちフォロワーとは，一人前の組織人なのである。

　①フォロワーへの成長支援

　フォロワーシップ・マネジメントにおいて，最も重要視されるのが，組織に参入してきたメンバーがフォロワーへと成長するのを支援することである。ニューカマーが配属される最小単位の組織は職場やチームと呼ばれる。Laloux (2014) で紹介されている，オランダのビュートゾルフ（Buurtzorg）というヘルスケアを専門とする非営利組織では，チームの人数を12名までに制限しているという。構成員の人数は重要な問題となるので，組織によって定めておくのが好ましいであろう。いずれにしてもニューカマーが配属される職場には，コ

図7-2　観我と従我によるフォロワータイプ

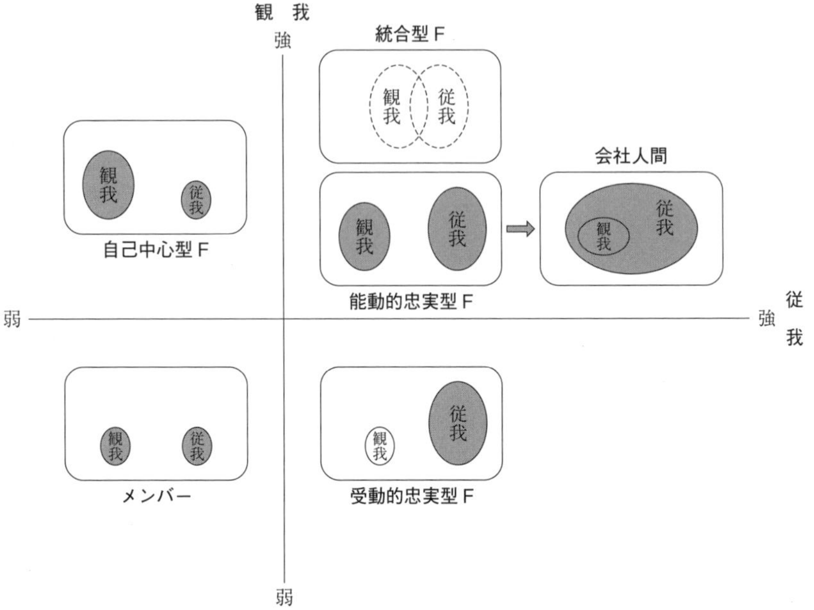

観　我
強

統合型 F

観我　従我

自己中心型 F

観我　従我

能動的忠実型 F

観我　従我

会社人間

従我　観我

弱 ——————————————————————————————— 強　従
我

メンバー

観我　従我

受動的忠実型 F

観我　従我

弱

ーチ役のフォロワーが必要である。フォロワーへの育成はそのコーチに委ねられる。職場にリーダーや管理者がいたとしても，育成はコーチに任せる。近年の日本企業であれば，役職定年後の従業員や，再雇用されたシニア従業員などに任せるのもいいかもしれない。できるだけ，リーダーや管理者を置かないことが望ましい。仕事の配分や調整はコーディネーターに担当してもらう。こうすることによって，リーダーや管理者の地位にあった人たちの負担は軽減されるし，フォロワーの自己責任が増し，観我が成長することで心理的オーナーシップが醸成されると思われる。

　ではここで，第5章で示しておいた図を用いて，フォロワーへの成長について考えてみよう。図7-2は，第5章で示した図に組織人格を配置したものである。まずニューカマーの組織人格について考えてみる。新人の組織人格内部では，観我と従我はまだ生まれたばかりである。従って新人は，未熟型フォロワーと考えられる。この段階では，まだフォロワーとは呼べない。従って，図

182

7-2ではメンバーと表記されている。図のとおり，観我と従我は未発達であるため，まずは従我の成長を支援していくことが求められる。いわゆる組織社会化である。十分に従我が成長し，上司やリーダーの指示命令に忠実に従うことが可能となり（それに見合う能力の発達も含まれている），組織状況の法則から命令を導き出すこともできるようになった段階で，メンバーは一人前の組織人，すなわちフォロワーになったと考えてよいであろう。しかし，十分観我が成長せず，観我が機能していないようなフォロワー，すなわち，上司やリーダー，ひいては組織状況からの指示命令には忠実に従うものの，それに挑戦し，建設的な批判ができないような場合，そのフォロワーは受動的忠実型フォロワーの段階に留まってしまうであろう。

　また，観我が十分に成長してはいるものの，上司やリーダーから求められなければ，自らの意見や提言を表明することができないタイプのフォロワーは，能動的忠実型フォロワーに留まることになろう。さらに，全人格内部において組織人格の占める割合が大きくなった場合，能動的忠実型フォロワーの観我は従我に取り込まれ，従我のなかでその機能を促進する駆動装置の役割を果たすようになるかもしれない。それが会社人間の段階であり，組織もフォロワー自身も，健康面への留意が求められる。

　観我と従我がバランスよく成長し，統合されると，両者は潜在化し，フォロワーの行動は自然と生じているように感じられるようになる。そして，組織との統合も果たされるため，フォロワーの行動が組織においても，自然に生じているように映る。しかし，これまでにも述べてきたように，観我は潜在的に組織人格をコントロールしているのである。最後に残された自己中心型フォロワーとは，能動的忠実型フォロワーや統合型フォロワーが，組織内でネガティブな経験をした結果，生まれてしまうフォロワーである。自らの提案を聞き入れてもらえなかったり，同僚たちの協力をうまく得られなかったというような経験が続くと，従我は小さくなっていくであろう。もともとは優秀なフォロワーであることが多いため，組織としては，統合型フォロワーへの変容を促す努力をしなければならない。

コーチがどの段階までケアをするのか，それは組織によって異なるであろう。少なくとも，基本的な業務遂行については，自動化されるような段階までは支援が必要であろう。受動的忠実型フォロワーや，自己中心型フォロワーについても一定のケアは必要かもしれない。最も重要なのは，能動的忠実型フォロワーを統合型フォロワーへと変容させることであろう。この点については今後の課題としたい。では，先ほど少し触れた組織社会化について，もう少し考えてみよう。

　②組織社会化とフォロワー・ナビゲーション・プログラム

　ここで組織社会化とは，個人が組織の役割を身につけ，組織のメンバーとして参加するために必要な価値や能力，期待される行動そして社会的知識を正しく理解していくプロセス（Louis, 1980）であり，組織の役割における「こつ（ropes）」を教えられ習得していくプロセス（Van Maanen & Schein, 1979）を指している。もちろん，その組織の文化を内面化していくということでもあるし，暗黙知の習得もそのなかに含まれている。また，こうした組織社会化の過程は，行動変容のプロセスとしても捉えられ，様々なステージ・モデルが提唱されてきた。例えば佐々木（2006）はそれらの研究を概観して，修正段階，学習段階，統合段階といったプロセスとしてまとめている。修正段階とは，身につけている行動や態度の修正がまず要求される段階である。シャインの「氷解（defreezing）」に対応している。ニューカマーは，組織に参入する以前は，学校などの教育機関に身を置いていることが多い。すなわちはじめのうちは，学校人格が優勢になっている。従って，学校人格から（労働）組織人格への変容を促すために，修正が必要となるのである。次に学習段階では，新しい行動や価値・態度のレパートリーが学習される。これはシャインの「変容（change）」に対応しているといえる。そして最後に，統合段階では，新しい環境との統合が達成していくことになる。この段階はシャインの「再氷結（refreezing）」に対応していると考えられる。

　このように組織社会化とは，主に従我の成長と関係している。なお，ここでいう統合段階とは，観我と従我の統合を指しているのではない。従我のみが組

織と統合されることを意味している。従我が組織状況を理解し，そのなかから命令を導き出し，それに従うだけの能力や考え方を身につけ，業務が自動的に遂行されるようになったとき，従我は組織と統合されるのである。そのとき，まだ観我はあまり成長しておらず，業務や組織に対する自らの考えをもつまでには至っていない。しかし，経験を蓄積することによって，観我も成長していく。コーチはこうした成長を支えていかなくてはならないのである。では，メンバーをフォロワーへと変容させるために，どのようなツールが考えられるであろうか。ここでは，フォロワー・ナビゲーション・プログラム（FNP）の開発を提案したい。メンバーをフォロワーへとナビゲートするプログラムである。

　FNP 開発のためには，まず当該組織におけるフォロワーが採用する望ましい行動様式を明らかにしなければならない。そしてメンバーに対して，明らかにされた行動様式を提示し，自らの行動様式とのギャップを認識させ，気づきを喚起することによって，それら望ましい行動様式を習得させるように仕向けるのである。こうした意味において，FNP はある種のシミュレーション・プログラムであると考えられる。辞書によればシミュレーションとは「ある現象を模擬的に現出すること，もしくは，現実に想定される条件を取り入れて，実際に近い状況を作り出すこと」である。また，数々のシミュレーション・ゲームを手がけてきた Greenblat（1989）によれば，シミュレーションとは，ある形式のモデルであり，そのモデルは静的ではなく動的なものであるとされる。すなわちここでは，フォロワーに求められる望ましい行動様式のモデル化を図ることになる。そしてまた，そのモデルは動的でなければならず，実際に近い状況を作りださなくてはならないのである。

　そこで本書では，シミュレーション概念を取り入れた管理者適性検査を参考にする。Motowidlo, Dunnette & Carter（1990）や高木・川西（2006）は管理者適性検査の開発に当たって，管理者に求められる課題遂行時の行動様式をまず明らかにしようとしている。以下では高木ら（2006）を参考に，FNP 開発方法を考えてみたい。

　FNP の開発には最低でも 3 回の予備調査が必要である。第 1 回目の予備調

査では，フォロワーが遭遇するであろう重要な課題場面を作成することが目的となる。そこで経験豊かな複数のフォロワーに，「これまで業務を遂行するうえで，重要な出来事や問題となった事態」を自由記述してもらう。必要な際にはインタビューも行い，課題解決場面を設定する。次に第2回予備調査では，対処方略の選択肢を作成することが目的となる。例えば，多数のフォロワーに対して質問紙法を用いて，回答を得るという方法が考えられる。質問紙の内容は，第1回予備調査で設定された各場面で，どのように行動するかをできるだけ具体的に，かつ多数記述してもらう。さらに，場面の現実性についても質問を行う。その結果得られた各場面に対しての回答を内容によって分類し，できるだけ類似せず多様な対処方略となるように，5～6の選択肢を抽出するのである。最後に，第3回予備調査では，高業績フォロワーにテストを実施し，課題場面対処方略の正解順位を作成することが目的となる。高業績フォロワーを複数名選抜したうえで，前述の各場面における5～6の選択肢について「自分が採りそうな行動」の順に順位をつけてもらう。それによって，各場面におけるBest行動とWorst行動を抽出し，それぞれの選択肢を得点化するのである。メンバーはこれらの課題場面に対して「自分が最も採りそうな行動（Best行動）」と「自分が最も採りそうにない行動（Worst行動）」を選択することで，フォロワーとしての適性を判断されることになる。高業績フォロワーの行動様式に近いほど，得点が高くなるように設計するのである。得点の低いメンバーは，そのギャップの原因が何なのかをコーチとともに考えなくてはならない。

4 評価・報償

　フォロワーシップ・マネジメントにおいて，評価・報償といったHRM活動をいかに考え，実践するかは，ある意味最も難しい問題だといえるかもしれない。評価権限を，特定の誰かに集中させることはフォロワーシップ・マネジメントにおいては好ましくない。従って，360度評価が最も好ましいということになろう。フォロワーは相互に評価しあうことになる。ただし，フォロワーになる前のメンバーの段階においては，その限りではない。メンバーに対しては，

例えば前述した FNP を基準にして評価することなどが考えられる。360度評価を実施するに当たっては，目標管理制度との併用が考えられる。各フォロワーが自身の目標をまず設定し，その後，その難易度についてフォロワー同士で検討するのである。そこで，目標のランクづけが行われることになる。そして，期末の評価についても，まずは各フォロワーが自己評価を行った後，フォロワー同士でその評価の妥当性を検証する。目標のランクづけおよび評価の検証会議については，コーディネーターがファシリテーションを担う。コーディネーターには評価権限はない。あくまでも，こうした会議が円滑に進行するように配慮するのみである。コーディネーターの評価は他のフォロワーによって行われることになる。また，コーディネーターはフォロワーによる選挙によって選ばれる。報償についても，メンバーとフォロワーでは異なる。メンバーは基本的に年功と FNP によって昇給が決定する。しかしフォロワーは年俸制によって処遇される。従って，フォロワーには裁量労働制を適用すべきであろう。ただし，家族状況などを勘案して，その都度，給与が変動することがあってもいいかもしれない。最後に，フォロワーシップ・マネジメントにおいては昇格という概念がない。コーディネーターは役職者というよりは，世話役に近い。もちろん，実務をもちながらということになる。

4　進化型経営とフォロワーシップ・マネジメント

　以上，フォロワーシップ・マネジメントを現代日本の労働組織における HRM に応用した場合に，どのような活動が想定されるのか，思考実験的に考えてみた。当然，これらは仮説の域を出ていないし，粗雑な点も否めない。しかし，これからの HRM を考えるうえで，一つのたたき台ぐらいにはなるだろう。実際，ここで論じたようなフォロワーシップ・マネジメントと近い考え方や，基礎となる人間モデルを標榜している労働組織は既に存在している。Laloux（2014）のいう，いわゆる進化型組織である。ラルーによれば，今日に至るまで，人間が形成してきた組織は7段階を経て発達してきた。その最終段

階と目されているのが，進化型組織なのである。ラルーによれば，進化型組織とは，変化の激しい時代における生命体型組織であり，自主経営，全体性，そして存在目的をキーワードとしている。

　これまで本章でも述べてきたように，フォロワーシップ・マネジメントでは，リーダーや管理職を置かないことを理想とする。進化型組織においても，階層に頼ることなく，仲間との関係性のなかでシステムを動かそうとする。自主経営は顔の見える経営である。例えば，従業員4万人を擁する大企業においても，1チーム当たりの人数を15〜20名に制限しているという。それ以上になると，自主経営が不可能になるからである。また，現場が大きくなりすぎると問題が起こると考え，一つの現場で働く従業員の数を300〜400人（15〜20チーム）程度に制限しようとしている。従業員がお互いに顔と名前を一致させ，同僚の誰とでもフランクな話し合いができる，いわば自然の限界がこの程度だからである。

　全体性というキーワードも進化型組織においては重要である。ラルーによれば，既存の組織で働く組織成員は，人格の一部のみを表に出して仕事をしている。それ以外の部分はすべて，家庭に置いてきているというのである。これはまさに，バーナードのいう，組織人格を指していると考えてよいであろう。しかし，これは不自然だとラルーは考えているようだ。この点も，前節で論じた自然人モデルと符合する。自然人モデルとは，組織成員を組織人格のみを有している存在としてではなく，他の生活領域と関わりのあるすべての人格を有した全体的存在として認めることを意味していた。まさに，労働組織において，人格の全体性を取り戻そうとする試みである。その人格が全体性を取り戻したとき，その存在は自然さを身にまとい，行動や振る舞いが自然に表出するようになる。真の意味での，その人らしさを大切にするということにもなる。進化型経営は，この点においてもフォロワーシップ・マネジメントと近似的である。進化型経営も自然体経営を実践しているといえる。

　実際のところ，進化型経営を実践しているとされる組織のトップから，この「自然」という言葉が聞かれることは多いようだ。例えば，小さな会社だった

セムコ社を，ブラジル最大の工業製品メーカーに育て上げたリカルド・セムラーもその一人である。彼は，自らの会社を最もシンプルで，そしてナチュラルなやり方で経営できればと常に考えていた。それをナチュラル・ビジネスと彼は呼ぶ（Semler, 1993）。セムコ社でも，管理職は置かれない。従来の管理職はコーディネーターに取って代わられている。特定の一人が意思決定するという組織を彼は忌避したといえる。セムコ社では，階層型組織が完全に解体され，同心円型組織が採用されている。また，給与は従業員が自主決定するのだという。そして，セムコ社でも部下による上司査定が実施されている。

　では，わが国においてはどうだろう。進化型組織と目される組織はあるのだろうか。そこでここでは，近年注目されている大阪の「パプアニューギニア海産」と，三重にある「おふくろさん弁当」を取り上げてみたい。両者とも，規模はそれほど大きくないし，組織成員の大半はパート従業員であるという点で，特殊性があることは否めないものの，考え方や組織運営の方法については，進化型経営そのものであるように思われる。例えば，パプアニューギニア海産でも，パート長という役職を置いていない。職場のルールはメンバー全員で考える。また，フリースケジュールという制度を導入し，従業員は出勤したいときに出勤すればよいようになっている（武藤，2017）。

　また，おふくろさん弁当でも同様で，職場にはリーダーがいないようである。ある時，仕事ができる人をリーダーに置いたことがあり，はじめは効率的に仕事が進むので，それでよしとしていたのだという。しかしそのうち，リーダーが他の従業員に命令するようになり，できない人に腹を立て，不満をもつようになったことで，それ以来，リーダーは置かないようにしているらしい。おふくろさん弁当でも，誰か特定の人間が意思決定をするということはないようである。というよりも，何かを「決めている」という感覚さえないのだという。また，従業員は細部まで指示されることがないため，自分の裁量で自分の感覚で仕事をしている。そのため，得意なことでなくても余計な苦手意識が加えられることがなくなり，自然に仕事ができるようである。まさに自然体経営を実践しているのである。さらにこの組織では，従業員を能力や業績でみるのでは

なく，「人」としてみようとしている。まさに，全体の「人」としてである（岸浪・吉岡・米田，2016）。この点も，進化型組織の特徴（全体性）をよく表しているといえよう。

　このように日本においても，進化型組織は存在している。しかし，既存の組織からみれば，到底真似ができないと思われるかもしれない。そもそも，これらの組織に共通しているのは，トップの強い決意のもとでこうした組織が作られてきたということである。トップによる英断がなければ，こうした組織は実現しないのだろう。また，武藤（2017）にもあるように，進化型組織で働く従業員は，大きな自己責任を背負うことになる。フリースケジュールが導入されてから，従業員は自分と闘っているのだという。それはそうであろう。出勤するか否かを自らで決めなければならないのだから。従業員は自律的でなければならないのである。この点は，本章で紹介したどの組織にも当てはまる。実際，合わない人間は組織を離れていくようである。進化型組織は，自律的で，ある意味強い人間でなければ適応できないのかもしれない。

　進化型経営に対する評価は，今後を待たなくてはならないであろう。ゴーイングコンサーンとしての永続性が実現され得るのか，長い目で見なくてはならない。いずれにしても進化型経営には，フォロワーシップ・マネジメントと似通っている部分が多くある。今後は，進化型経営研究を視野に入れながら，フォロワーシップ・マネジメント研究のさらなる深化を図っていきたい。

参考文献

Chaleff, I., *Intelligent Disobedience: Doing right when what you're told to do is wrong*, Berrett-Koehler Publishers, Inc., 2015.

土居健郎『「甘え」の構造』弘文堂，1971年。

Dubin, R., Champoux, J. E. & L. W. Porter, "Central life interests and organizational commitment of blue-collar and clerical workers," *Administrative Science Quarterly*, 20, 1975, 411-421.

Greeblat, C. S., *Designing games and simulations*, Sage Publications, Inc., 1989. (新井潔・兼田敏之『ゲーミング・シミュレーション作法』共立出版，1994年)

浜口恵俊『間人主義の社会　日本』東洋経済新報社，1982年。

平野啓一郎『私とは何か：「個人」から「分人」へ』講談社，2012年。

Hofstede, G., Hofstede, G. J. & M. Minkov, *Cultures and organizations: Software of the mind, 3rd ed.*, McGraw-Hill, 2010.（岩井八郎・岩井紀子訳『多文化世界〔原書第3版〕』有斐閣，2013年）

岩田龍子『日本的経営の編成原理』文眞堂，1977年。

Iyengar, S., *The Art of Choosing*, Twelve, 2010.（櫻井祐子訳『選択の科学』文芸春秋，2010年）

木村敏『人と人との間』弘文堂，1972年。

木村敏『あいだ』筑摩書房，2005年。

木村敏『自分ということ』ちくま学芸文庫，2008年。

岸浪龍・吉岡和弘・米田量『幸せをはこぶ会社　おふくろさん弁当：本当にあった！こんな会社　規則も命令も上司も責任もない！』アズワンネットワーク，2016年。

Laloux, F., *Reinventing Organizations: A guide to creating organizations inspired by the next stage of human consciousness*, Nelson Parker, 2014.（鈴木立哉訳『ティール組織：マネジメントの常識を覆す次世代型組織の出現』英治出版，2018年）

Louis, M. R., "Surprise and sense making: What newcomers experience in entering unfamiliar organizational setting," *Administrative Science Quarterly*, 25, 1980, 226-251.

松山一紀『日本人労働者の帰属意識』ミネルヴァ書房，2014年。

Mead, G. H., *Mind, Self and Society*, The University of Chicago Press, 1934.（稲葉三千男・滝沢正樹・中野収訳『精神・自我・社会』青木書店，1973年）

Motowidlo, S. J., Dunnette, M. D. & G. W. Carter, "An alternative selection procedure: The low-fidelity simulation," *Journal of Applied Psychology*, 75(6), 1990, 640-647.

武藤北斗『生きる職場：小さなエビ工場の人を縛らない働き方』イースト・プレス，2017年。

Near, J. P., "Organizational commitment among Japanese and U. S. workers," *Organization Studies*, 1989, 281-300.

Nisbett, R. E., *The geography of thought*, The Free Press, 2003.（村本由紀子訳『木を見る西洋人，森を見る東洋人』ダイヤモンド社，2004年）

太田肇『囲い込み症候群：会社・学校・地域の組織病理』筑摩新書，2001年。

Pascale, R. T. & Athos, A. G., *The art of Japanese management*, Allen Lane, 1981.（深田祐介訳『ジャパニーズ・マネジメント：日本的経営に学ぶ』講談社，1981年）

Sandel, M. J., *Democracy's Discontent*, Harvard University Press, 1996.（中野剛柔訳「公共哲学を求めて」『思想』904，1999年）

佐々木政司「新入社員の幻滅経験がその後の組織社会化に及ぼす効果」『一宮女子短期大学紀要』45，2006年，55-62。

Semler, R., *Marverick: The success story behind the world's most unusual workplace*, Tableturn, INC, 1993.（岡本豊訳『セムラーイズム』新潮社，1994年）

Staw, B. M., "Counterforces to change," Goodman, P. S., ed., *Change in organizations. New perspectives of theory, research and practice*, Jossey-Bass, 1982, 87-121.

高木浩人・川西千弘「管理職適性検査 HIPAS の開発（1）：課題場面対処法質問紙の作成」『日本心理学会2006年度全国大会予稿集』2006年。

Van Maanen, J. & Schein, E., "Toward a theory of organizational socialization," *Research in Organizational Behavior*, 1, 1979, 209-264.

あとがき

　本書執筆中に大学スポーツ界，いや日本社会全体を揺るがす，大きな事件が起こった。日大アメフト部による，悪質タックル事件である。日大の選手が，無防備な状態にある関学の QB に対して背後からタックルしたのである。その選手は，クラブ上層部からの指示があったとしながらも，自分自身がやらないという判断をできずに反則行為をしてしまったと後悔の念をにじませていた。そして，その後発表された，日大の選手たちによる声明文には，次のような反省の言葉があった。

　　私たちは，私たちの大切な仲間であるチームメイトがとても追い詰められた状態になっていたにもかかわらず，手助けすることができなかった私たちの責任はとても重いと考えています。これまで，私たちは，監督やコーチに頼りきりになり，その指示に盲目的に従ってきてしまいました。それがチームの勝利のために必要なことと深く考えることも無く信じきっていました。
（『朝日新聞』2018年 5 月30日付朝刊／傍点筆者）

　選手たちは上層部の指示に盲従してきたと述べている。まさに権威への服従である（Milgram, 1974）。本書でも述べたように，かつて服従実験を行ったミルグラムによれば，個人がある権威領域に入り，ヒエラルキーに統合されてしまうと，その個人は「エージェント状態」に入ってしまう。それは，自らの判断機能を権威に譲り渡した状態である。日大の選手たちは，まさにエージェント状態にあったといえる。そして，後になってようやく自らの責任を自覚するのである。フォロワーシップが発現しなかったことを後悔するのである。ただ，彼らを一方的に責めることはできない。問題は，フォロワーシップを許容しなかった権威システムの方にもある。私たちは，フォロワーシップについてもっ

と真摯に考えなければならない。本書では，こうした時代の要請を引き受け，フォロワーおよびフォロワーシップについて考えてきたのである。

第1章でみたように，現代の先進国において，もはやフォロワーたる労働者は，ただ上位者の指示命令に従うだけの受動的な存在ではない。社会的な地位上の格差があった以前とは異なり，今や，労働者には発揮できる能力と機会が与えられているのである。確かに，その機会を活かすのは，フォロワーの意思次第である。その能力を別の生活領域で活かそうとするフォロワーもいるだろう。従って，労働組織は少しでもフォロワーの有する資源を，労働生活領域に振り向けてくれるように努力をしなければならない。なぜなら，組織の成果はリーダーのみに帰属するのではないからである。リーダーシップ・ロマンス研究が示すように，これまでの労働組織は，あまりにも組織成果の原因をリーダーに求めすぎてきた。それが誤りだということに早く気づき，これからはフォロワーの自律的かつ主体的な組織貢献努力を引き出すよう努めるべきである。

本書では，フォロワーやフォロワーシップに対して，暫定的な定義を与えておいた。しかし，多少上司やリーダーを意識しすぎた定義になっているかもしれない。既存の労働組織を踏まえて考えた定義であるため，致し方ない部分もあるが，これからはより直接的に組織を意識した方がよいのかもしれない。こうした意味では，組織やその運営のあり方については，フォレットの考え方により近づいていくのかもしれない。いずれにしても，これからの労働組織はリーダーではなく，フォロワー育成に傾注すべきであろう。

第4章では，日本におけるフォロワーシップについて考えた。欧米の研究者からみれば，武士道の精神は未だに現代日本の企業社会に息づいているらしい。武士道にみるフォロワーシップは，君臣一体を基礎としながらも，その向こうに御家という組織をみている。主君のみを意識しているのであれば，諫言は不可能となる。また，諫言が，欧米のフォロワーシップ論で重要視される「批判」と近似していることが明らかとなり，フォロワーシップの普遍性を垣間見ることもできた。ただそうはいうものの，日本の武士社会において諫言はある意味命がけで行われており，その重みは全く異なっていたようにも見受けられ

194

る。従って，やはり日本においては，上司やリーダーの存在は大きいことがうかがえるのである。もし，上司やリーダーが部下と心を一つにして組織に貢献できるのであれば問題はない。しかし，この業務過多の時代において，管理すべき組織も人も複雑さを増し，取り巻く環境も激しく変化しているなかにあって，それをリーダーや上司だけに期待するのは難しいのではないか。

　従って，これからの労働組織は，リーダー偏重からフォロワー主体の組織運営に改めるべきである。フォロワーには自律性が求められる。こうした意味においては，フォロワーにとっては厳しい時代がやってくることを意味している。大いに自己責任が問われるようになるからである。そのためには，本書で明らかにした観我を強化するしかない。観我を強化することによって，従我との統合が果たされ，ひいては組織との統合が可能となる。それは，自然人モデルを基礎とした自然体経営の実践を意味している。

　岐阜にある未来工業は，観我を強化し，フォロワーの自律性を巧みに醸成している企業の一つであろう。第7章では取り上げなかったが，進化型に近い経営を実践している企業ではないかと思われる。この企業では，「常に考える」ことがモットーとして掲げられているという（山田，2012）。壁や看板など社内のいたるところに，この言葉が記されているのである。社員は常にその言葉を目にし，頭を回転させ続けなければならない。これは，従我に負けないようにするための取り組みでもある。未来工業の取り組みが参考になると思われるのは，組織構造などが，既存の労働組織とそれほど変わらないからである。階層構造は存在し，管理職も配置されている。フォロワーの自律性は運用によって保たれているのである。では，それはどうやってなされているのか。上司やリーダーがいると，どうしても依存心が芽生えてしまう。また，上司の方も命令し管理をしたくなってしまう。

　しかし，未来工業では，管理しないほうが人は働くという，創業者である山田昭男氏の思想に基づき，部下にホウレンソウをさせないようにしているというのである。また，ノルマはないし，上司が部下に命令することを禁じている。上司は部下に対して，納得するように説得することが求められるのである。な

ぜ，このようなことが可能なのか。命令もせず，ホウレンソウを求めることも
しなければ，部下は怠けてしまうのではないか。創業者はそうではないと考え
ているようだ。日本人は生来的に勤勉で，人一倍義務感が強い。従って，何も
言わない方が，勝手に義務感を感じて仕事をしてくれるというのが山田氏の考
え方なのである。何も言われないほうが，従業員は，この程度はやらないとだ
めなのではないかと考えて，組織が思っている以上に働いてくれるのだという。
徹底した性善説である。

　また，未来工業では終身雇用と年功序列といった，日本的経営慣行を崩そう
としない。理由は，この慣行が日本人には合っているからだという。考えてみ
れば，管理色を払拭するためには，評価自体をなくすことが望ましいのかもし
れない。特に，階層構造を前提とした場合はそうなのだろう。本書で提示した，
フォロワーシップ・マネジメントでは，階層のない組織を前提としたため，フ
ォロワー同士で目標を相互にチェックするという評価方法の方が適合的である
と考えた。HRM 施策や組織構造など，組織活動や現象は相互に連関し合って
いる（松山，2015）。労働組織の状況に応じてフォロワーシップ・マネジメント
も変化するのである。

　本書では，観我を強化するための方法論について，論じることがあまりでき
なかった。カーステンたちのいう，他者からの影響力を自らに許すというプロ
セスに，何かヒントがありそうである。我々は，従我がまだ形成されていない
段階では，上司のいうことに対して，あまりよく考えもせずにイエスと答えて
しまう。上司が即答を求めると，ますますその傾向は強くなる。観我を強化す
るためには，即答は控え，その指示の意味をしっかりと考えなくてはならない
のである。松下電器（現パナソニック社）の創業者である松下幸之助氏は生前，
部下に指示を出した後で必ず，「君はどう思う？」と訊ねたという。この一言
の効果は大きい。部下に考える時間を与え，イエス以外の選択があり得ること
を教えているからである。未来工業の「常に考える」である。松下電器の経営
理念に，社員稼業という考え方がある。これは心理的オーナーシップの重要性
を訴えたものである。松下電器では，社員一人ひとりに自主性を求める企業で

あったことがうかがえる。このように，観我を鍛えるためには，その重要性を謳う理念や，制度，そして仕掛けが必要なのであろう。

　近年，フォロワーシップ・コンサルタントであるチャレフが，興味深い取り組みを始めている。従うことがデフォルトである我々が，リーダーのいうことに反射的に従わず，もしそれが間違っていると思うのであれば，それを正すことができるように，新たな訓練方法を開発しているのである。彼は，盲導犬の訓練内容を知って，大きな刺激を受けたようである。普通の犬を盲導犬に変容させるためには，まず飼い主に服従することを教え込まなければならないが，その段階を超えると，今度は状況に応じて服従しないことを教え込むのだという。例えば，飼い主が路面の凍結していることを知らずに，進めと命じた時，盲導犬は前に進んではいけない。これを「賢明な不服従（intelligent disobedience）」というのだという（Chaleff, 2015）。我々人間も，観我を強化するために，盲導犬を見習って，知性を働かせて服従しない術を身につけるべきなのかもしれない。

　さて，本書には課題も多くある。まず，フォロワーおよびフォロワーシップの定義は，あくまでも暫定的であり，未だ，問題を含んだ定義になっている。それは，社会の変化が早く，組織のあり方や，その運営方法において，定まった見解がないためである。こうした意味では，本書で論じたことが普遍性を有しているのか否かについては，さらなる検討が必要であろう。フォロワーやフォロワーシップと一口にいっても，それらは組織の内実や状況に応じて，姿かたちを変化させるのかもしれない。リーダーシップ論でいわれるように，フォロワーシップについても，持論をもつことが大切なのかもしれない。また，そもそもフォロワーやフォロワーシップといった外国の言葉を用いて論じていることも，本当は気になっている。しかし，フォロワーシップについての先行研究は海外の方が圧倒的に多く，これらの議論に依拠するしか方法がなかったのである。本来，日本の労働組織における，適切な現象理解は日本語で行うべきなのかもしれない。これら以外にも議論の粗雑さや，概念整理の不備など様々な問題があるかもしれない。ただそうはいうものの，日本におけるフォロワー

シップ研究の一つの可能性は示せたのではないかとは思っている。

参考文献

Chaleff, I., *Intelligent Disobedience: Doing right when what you're told to do is wrong*, Berrett-Koehler Publishers, Inc., 2015.

松山一紀『戦略的人的資源管理論』白桃書房，2015年。

Milgram, S., *Obedience to Authority: An experimental view*, Harper & Low, 1974.（山形浩生訳『服従の心理』河出書房，2012年）

山田昭男『ホウレンソウ禁止で1日7時間15分しか働かないから仕事が面白くなる』東洋経済新報社，2012年。

索　引

（＊は人名）

あ　行

＊アイエンガー（Iyengar, S.）　173
愛着的コミットメント　80, 81
アイデンティティ　78, 79, 98, 171
赤穂義士　89-91, 112
赤穂事件　88, 89, 94
＊アベグレン（Abegglen, J. C.）　104
暗黙のリーダー像　66
＊イアコボーニ（Iacoboni, M.）　43
＊岩田龍子　168-170
インターンシップ　180
well-being　122, 123, 126, 132, 134-136
＊ヴェーバー（Weber, M.）　21, 22
HRM　179
エージェント状態　47
LMX 理論　64
温情的労務管理期　9

か　行

＊カーステン（Carsten, M. K.）　90, 116, 117,
　120, 132
＊カーネマン（Kahneman, D.）　107, 108
会社人間　142-144
外集団　64
外発的モチベーション　82
科学的管理法　11
カリスマ型リーダー　66
カリスマ的支配　22, 23
観我　108-112, 117, 118, 120, 122, 133, 135,
　141, 145, 155, 160-162, 175, 176, 178, 179,
　182, 183, 185
諫言　93
間人　170

機械人モデル　12
帰属意識　88, 144-146
規範的コミットメント　80
＊木村敏　170, 176, 178
強制勢力　41
近代科学的労務管理期　10
近代的自我　106, 116, 135
＊ケリー（Kelley, R. E.）　1, 22, 24, 72, 80, 82,
　87, 88, 95, 115, 116, 132-134
権威　43
構築主義アプローチ　71
行動科学　13
行動研究　61
合法的支配　22
国体　100, 101
心の習慣　99
コミットメント　121, 172

さ　行

サーバント・リーダーシップ　65, 66
サイドベット理論　147
＊サイモン（Simon, H. A.）　56-58, 69, 108
参照勢力　41, 42
360度評価　186
自己実現　143
自己性　44, 45, 68, 70
自己選択型 HRM　15
自然人モデル　179, 188
支配の三類型　21
社会的勢力　41
従我　108, 109, 111, 112, 117, 118, 122, 135,
　141, 145, 175, 176, 178, 182, 183, 185
囚人のジレンマ　97
重要他者　44, 175

受動性　75
受動的忠実型フォロワー　117-120,132,
　133,136,184
受動的忠実性　128,130,131,135
受容圏　58,69
状況的リーダーシップ論　63
職務関与　81
職務満足　80-83
進化型（ティール）組織　179,188-190
人的資源管理（HRM）期　13
人的資本理論　13
スキーマ　76
＊鈴木大拙　110,111
＊スタノヴィッチ（Stanovich, K. E.）　107
精神的健康　121-123,126,132,134,136,
　142,144
正当勢力　41
専制的労務管理期　8
専門勢力　41,42
組織コミットメント　80-82,146-149,152
組織社会化　184
組織的怠業　11

　　　　　た　行

他者性　45,57,70
＊チャレフ（Chaleff, I.）　73,116
忠臣蔵　88
忠誠　93,111
忠誠心　88,95-101,103,104
＊テーラー（Taylor, F. W.）　11
伝統的支配　22
統合（プロアクティブ）型フォロワー
　121,122,132,162,176,177,184
特性研究　61

　　　　　な　行

内在化コミットメント　151,153-155,158-
　161
内集団　64

内発的モチベーション　82
＊西田幾多郎　111
二重過程モデル　107
＊ニスベット（Nisbett, R. E.）　172
日本的経営　104
日本的フォロワーシップ　141
人間関係論を基礎とした労務管理期　12
能動性　75
能動の忠実型フォロワー　118,121,122,
　132,137,141,142,145,146,160,162,175,
　183,184
能動的忠実性　130-136
能力主義　14

　　　　　は　行

＊バーナード（Barnard, C. I.）　49,55,56,58,
　70
バーンアウト　81,82
破壊的リーダー　27
破壊的リーダーシップ　26
葉隠　92-94,111
パワーハラスメント　27
PM 理論　126
＊フィードラー（Fiedler, F. E.）　62
＊フェファー（Pfeffer, J.）　24,25
フォード・システム　11
フォード自動車会社　12
＊フォレット（Follet, M. P.）　36,48,49,59,
　60,70,177
フォロー　35
フォロワー　33-37,39-42
フォロワーシップ・スキーマ　75
フォロワーシップ・マネジメント　167,
　179-181,186-188,190
フォロワー・ナビゲーション・プログラム
　（FNP）　185
父権主義的管理　9
武士道　87-95,99,100,105,106,142
フラット化　17

索　引

プレイング・マネジャー　19
プロアクティブ（性）　76, 118, 120, 122,
　130, 131, 133, 134
＊フロイト（Freud, S.）　45, 154, 155
＊フロム（Fromm, E.）　46, 47
＊ベネティクト（Benedict, R.）　110
＊ベラー（Bellar, R. N.）　99, 100
変革型リーダーシップ論　64
報酬勢力　41
ホーソン実験　13

ま　行

マイクロマネジャー　20, 21
＊マグレガー（McGregor, D.）　14, 15
ミラーニューロン（研究）　43, 44, 109
＊ミルグラム（Milgram, S.）　42, 46, 47, 109,
　120
無関心圏　58

ムチと飢餓による管理　9
命令の非人間化　59
メンタルヘルス　141, 153, 157-161

や・ら・わ　行

役割志向性　74
役割理論アプローチ　71, 72
＊山本神右衛門常朝, 山本常朝　92-94
ライフ・サイクル理論　63
＊ラルー（Laloux, F.）　187
リーダー　36, 39
リーダーシップ幻想（romance of leader-
　ship）　25
リーダー・プロトタイプ　66
＊リカート（Likert, R.）　9, 10
＊リベット（Libet, B.）　108, 109
ワークエンゲージメント　101

201

〈著者紹介〉

松山一紀（まつやま・かずき）

1966年　生まれ。
　　　　京都大学教育学部教育心理学科卒業（臨床心理学専攻）。
　　　　松下電器産業（現・パナソニック）ビデオ関連事業部門で人事業務に携わる。
　　　　京都大学大学院経済学研究科博士後期課程単位取得退学。
現　在　同志社大学社会学部産業関係学科教授（博士　経済学）。
主　著　『日本人労働者の帰属意識』ミネルヴァ書房，2014年。
　　　　『戦略的人的資源管理論』白桃書房，2015年。
　　　　『映画に学ぶ経営管理論〔第3版〕』中央経済社，2019年。

次世代型組織へのフォロワーシップ論
──リーダーシップ主義からの脱却──

2018年10月1日　初版第1刷発行		〈検印省略〉
2021年1月30日　初版第3刷発行		定価はカバーに 表示しています

著　者　　松　山　一　紀

発行者　　杉　田　啓　三

印刷者　　田　中　雅　博

発行所　　株式会社　ミネルヴァ書房

607-8494 京都市山科区日ノ岡堤谷町1
電話代表 (075) 581 - 5191
振替口座 01020 - 0 - 8076

©松山一紀，2018　　　　　創栄図書印刷・藤沢製本

ISBN978-4-623-08436-4
Printed in Japan

日本人労働者の帰属意識

―――――――――――――――― 松山一紀 著　Ａ５判　268頁　3200円

●個人と組織の関係と精神的健康　日本人労働者の企業に対する帰属意識と労働者の精神的健康について，思想と事例を再検証し，個人と組織の健全な関係とは何かを探究。

よくわかる組織論

―――――――――――――――― 田尾雅夫 編著　Ｂ５判　240頁　2800円

経営学，社会学，社会心理学など幅広い分野を含む「組織論」の基礎概念や理論，構造と現代における課題などを，明快に初学者から理解できるように構成。徹底したクロスリファレンスによってその論題の関連を充分に認識し，組織論の全体像の理解を可能にする。

よくわかる経営管理

―――――――――――――――― 高橋伸夫 編著　Ｂ５判　239頁　2800円

本書で学ぶ経営管理は，組織が動かす現代を理解するために必須の学問である。組織をどう統制し，他の組織と連携させるか？　戦略はどう策定するか？　経営組織の理論と実際を平易かつ網羅的に解説した必読の入門書。

よくわかる産業・組織心理学

―――――――――――――――― 山口裕幸・金井篤子 編著　Ｂ５判　204頁　2600円

人々が幸福に働くことや優れた組織経営の実現に必要な産業・組織心理学の知識や視点を紹介し，わかりやすく解説する。

よくわかる看護組織論

―― 久保真人・米本倉基・勝山貴美子・志田京子 編著　Ｂ５判　264頁　2800円

看護組織の現場と組織論の基本概念を結び理解することで，看護組織の特徴や課題に対応できる力を身につける。実践的視点からの解説により，現在現場で活躍する方にも必携。

―――――――――――――――― ミネルヴァ書房 ――――――――――――――――

http://www.minervashobo.co.jp/